大学生
创新创业实践
机械类

主　编 ◆ 林　卿　史洪玮　沈　洋
副主编 ◆ 宋安然　臧　勇　李光宇　郭新年　葛海浪　孙　淼　丁红燕

中国水利水电出版社
www.waterpub.com.cn
·北京·

内 容 提 要

2015 年，国务院办公厅颁布《关于深化高等学校创新创业教育改革的实施意见》（国办发〔2015〕36 号），要求各高校落实创新创业教育主体责任。"大众创业、万众创新"已经成为国家战略，本书根据机械类大学生的实际情况，围绕相关学科竞赛编写而成，共分 9 章：创新创业的价值、创新意识与创新思维、全国大学生智能汽车竞赛、中国大学生计算机设计大赛、中国机器人大赛、中国国际大学生创新大赛、"挑战杯"全国大学生课外学术科技作品竞赛、"挑战杯"中国大学生创业计划竞赛、江苏省大学生机器人大赛。本书立足于高校创新创业教育实际，可作为机械类大学生创新创业教育课程的教材，也可供相关学科竞赛参赛者学习参考。

图书在版编目（CIP）数据

大学生创新创业实践：机械类 / 林卿，史洪玮，沈
洋主编 . -- 北京：中国水利水电出版社，2024. 9.
ISBN 978-7-5226-2703-8

Ⅰ . G647.38

中国国家版本馆 CIP 数据核字第 2024NG5287 号

策划编辑：崔新勃　责任编辑：鞠向超　加工编辑：张玉玲　封面设计：苏敏

书　名	大学生创新创业实践——机械类 DAXUESHENG CHUANGXIN CHUANGYE SHIJIAN—JIXIELEI
作　者	主　编　林　卿　史洪玮　沈　洋 副主编　宋安然　臧　勇　李光宇　郭新年 　　　　葛海浪　孙　淼　丁红燕
出版发行	中国水利水电出版社 （北京市海淀区玉渊潭南路 1 号 D 座　100038） 网址：www.waterpub.com.cn E-mail：mchannel@263.net（答疑） 　　　　　sales@mwr.gov.cn 电话：（010）68545888（营销中心）、82562819（组稿）
经　售	北京科水图书销售有限公司 电话：（010）68545874、63202643 全国各地新华书店和相关出版物销售网点
排　版	北京万水电子信息有限公司
印　刷	三河市德贤弘印务有限公司
规　格	184mm×260mm　16 开本　12.75 印张　263 千字
版　次	2024 年 9 月第 1 版　2024 年 9 月第 1 次印刷
印　数	0001—2000 册
定　价	39.00 元

凡购买我社图书，如有缺页、倒页、脱页的，本社营销中心负责调换

前　言

2002 年，教育部确定在清华大学等 9 所高校开展创业教育试点工作；2012 年，教育部印发《普通本科学校创业教育教学基本要求（试行）》（教高厅〔2012〕4 号），明确"创业基础"是面向全体高校学生开展创业教育的核心课程，要纳入学校教学计划，不少于 32 学时、不低于 2 学分；2015 年，国务院办公厅颁布《关于深化高等学校创新创业教育改革的实施意见》（国办发〔2015〕36 号），要求各高校落实创新创业教育主体责任，"大众创业、万众创新"已经成为国家战略，创新创业教育迎来了崭新的春天。

宿迁学院将创新创业政策与学校实际情况相结合，成立了创新创业学院，制定了《宿迁学院国家"三大赛"项目培育办法》《宿迁学院学科竞赛管理规定》《宿迁学院本科生创新创业学分认定办法》《宿迁学院大学生创新创业训练计划实施管理办法》等政策。学校注重培养学生吃苦耐劳的精神、创新创业意识、团队合作与交流的能力和良好的职业道德，为学生实现人生规划与职业发展打下坚实的基础。

本书以硬件结构设计类、软件程序设计类的学科竞赛为切入点，对智能汽车、陆空无人机、搬运机器人、智能拐杖、图形化人工智能编程系统等作品的设计和编程进行深入分析，对作品所参加的"智能汽车竞赛""机器人大赛""计算机设计大赛""挑战杯"和中国国际大学生创新大赛等赛事的比赛规则、技术方案等进行了详细阐述，为机械类相关学科竞赛的准备提供作品方案和技术思路。

本书由宿迁学院的林卿、史洪玮、沈洋任主编，宋安然、臧勇、李光宇、郭新年、葛海浪、孙淼、丁红燕任副主编，具体编写分工如下：许忠荣编写第 1 章，林卿编写第 2 章和第 9 章并统筹全书，宋安然编写第 3 章，沈洋编写第 4 章和第 5 章，史洪玮编写第 6 章至第 8 章，臧勇、李光宇、郭新年、葛海浪、孙淼、丁红燕参与编写了部分章节。

在本书编写过程中，编者借鉴参考了相关文献，在此对其作者表示衷心感谢。由于编者水平有限，加之时间仓促，书中可能存在偏颇之处，恳请专家和同行批评指正。

编　者
2024 年 5 月

目　录

第 1 部分
理论篇

第 1 章
创新创业的价值

本章导读

　　本章主要介绍创新创业的基本概念和内涵、创新的类型和方式、创业理念及其重要性、创新创业的重要性、创新创业的未来等内容，读者应在理解创新创业概念的基础上重点掌握创新创业的重要性和未来等内容。

本章要点

- 创新创业的基本概念
- 创新创业的内涵
- 创新的意义
- 创新能力的培养
- 创业成功的关键

1.1　创新创业理念

1.1.1　创新的概念

1. 创新的含义

顾名思义，创新可以理解为"创立或创造新的"。《广雅》：创，始也；新，与旧相对。创新一词出现很早，如《魏书》中有革弊创新，《周书》中有创新改旧。在英文中，创新 Innovation 这个词起源于拉丁语。它原意有三层含义：一是更新，即对原有的东西进行替换；二是创造新的东西，即创造出原来没有的东西；三是改变，即对原有的东西进行发展和改造。创新是人类特有的认识能力和实践能力，是人类主观能动性的高级表现形式。从不同角度看，"创新"具有不同的理解。

（1）哲学上说创新。创新从哲学上说是人的实践行为，是人类对发现的再创造，是对物质世界的矛盾再创造。创新在哲学中被理解为事物自身蕴含着自我否定的因素，当自我否定向着积极方面发展的时候创新便产生了。

创新就是要站在上升的、前进的、发展的立场上，去促进旧事物的灭亡、新事物的成长和壮大，实现事物的发展。创新是一种辩证的否定，是一种扬弃的过程，是一种新事物代替旧事物的向上的过程，本质就是发展。因此，树立创新意识是唯物辩证法的要求。

（2）社会学上看创新。从社会学上看，创新是指人们为了发展的需要，运用已知的信息，不断突破常规，发现或产生某种新颖、独特的有社会价值或个人价值的新事物、新思想的活动。

创新的含义是指在物质文明、精神文明的一切领域、一切层面上，能先于他人，见人之所未见，思人之所未思，行人之所未行，从而获得人类文明的新发展、新突破。

（3）经济学上谈创新。从经济学上看，创新概念的起源为美籍经济学家熊彼特在 1912 年出版的《经济发展理论》。熊彼特在这本书中首次提出创新理论（Innovation Theory）：创新是指把一种新的生产要素和生产条件的"新结合"引入生产体系。它包括五种情况：一是开发新产品或改造原来的产品；二是运用新的生产方法；三是发现或开辟一个新的市场；四是发现新的原料或半成品；五是创建新的产业结构。

创新是指人类为了满足自身需要，不断拓展对客观世界及其自身的认知与行为的过程和结果的活动。或具体讲，创新是指人为了一定的目的，遵循事物发展的规律，对事物的整体或其中的某些部分进行变革，从而使其得以更新与发展的活动。

2. 创新的内涵

（1）创新的要义是变革。亚马逊创始人杰夫·贝佐斯曾经说过："创新就是让事情变得更简单，更容易让大家接受你的产品、服务方式等，包括你的服务理念。因而我说，创新就是让世界更简单的一种神奇力量。"

创新意味着改变，即推陈出新、气象万新、焕然一新；创新意味着付出，因为惯性作用，没有外力是不可能有改变的，这个外力就是创新者的付出。

（2）创新的本质是突破。创新不是重复的过程，创新尤其是包括许多基本概念的规则突破。有些可传递的知识和过程可以重复使用。但是，就大部分情况而言，创新包括许多规则的突破。创新就要突破旧的思维定式、旧的常规戒律。

创新是人们在认识世界和改造世界的过程中对原有理论、观点的突破和对过去实践的超越。创新者必须在探索的道路上发明解决问题的方法。许多解决各种新问题的方法常常令传统智慧止步。跳出旧思维的束缚，用先进的创新思维"武装自己"，才能够让自己拥有比竞争对手更强大的竞争力。

（3）创新的核心是新颖。创新是以新思维、新发明和新描述为特征的一种概念化过程。创新说出来简单，可一般人想不到。能想到别人没想到的，做法总是与别人不一样，这就是新颖性的体现。

所谓的"新颖"，就是指前所未有的，或称"首创"。它或者是产品的结构、性能和外部特征的变革，或者是造型设计、内容的表现形式和手段的创造，或者是内容的丰富和完善。新颖性可能以各种形式出现，从新技术到新过程、到独特的市场导入，甚至到成本等。

1.1.2 创新的类型、方式

1. 依据创新所涉及的范围可分为：延伸创新和拓展创新

（1）延伸创新。延伸创新是最常见的创新形式，就是在原来的基础上加以改进、提高，使其在材质、功能、用途、外观、形状等多方面更实用和多样化。如产品创新，创新的动力源自方便生活。每一个改进都是一种创新，如果是为方便自己使用就是一个生活日用品的改进或改造；如果是为服务社会而主动的有目的的设计和研发，它就是一个有市场需要和竞争力的创新产品。其实，创新开始时或许非常细小，只需要很小的改变就能使现有的产品做得更好，使得产品对一个全新的目标群体变得更有吸引力，更能取悦消费者。

（2）拓展创新。拓展创新是对产品产业链的展开和辐射，是针对某些产品的上下游产品的开发，使产品形成一个可持续的发展过程，同时不断满足人们对其相关产品的心理和精神需求。如文化产品的拓展创新发展。

2. 依据企业发展战略和产品竞争优势创新可分为：主动创新和被动创新

（1）主动创新。主动创新是一个企业能自觉地、前瞻性地开发适合未来市场的新产品，真正把产品做到"人无我有，人有我优"的境地。在当今激烈的市场竞争中，能否做到主动创新是企业生存、长久发展、做大做强的基础。目前，很多企业都投入了大量人力、物力、财力组建研发机构或团队，抢占市场先机，掌握市场的主动权、话语权，从而掌握产品的定价权。对于任何企业来说，创新来源不仅仅是企业的研发中心，创新的动力也同样来源于消费者的信息反馈，来源于所有员工自身的经验、知识和智慧，要让消费者和所有员工参与到企业产品的创新中来，哪怕仅仅是一个新想法，都有可能成为发现盈利的机会。

（2）被动创新。被动创新是企业面对产品日益萎缩的市场份额和设备、管理方式等日趋老化、落后，到企业难以维系生存的时候，迫不得已必须淘汰落后的产能、老化的设备、陈旧的工艺流程和管理方式等内容，更新设备，引进先进工艺和生产线，研发新产品，提高生产率、产品质量及服务水平，从而为企业生存发展开拓出一条新路。被动创新首先解决的是思想观念、思维方式的与时俱进。只有经历短暂的、剧烈的阵痛才会有新生命的诞生，只有经过创新，一个全新的拥有无限希望的新企业才会在不久的将来茁壮成长、发展壮大，屹立于激烈的市场之林。

创业者要善于抓住市场潜在的盈利机会或技术的潜在商业价值，以获取利润为目的，对生产要素和生产条件进行新的组合，建立效能更强、效率更高的新生产经营体系，从而推出新的产品、新的生产（工艺）方法，开辟新的市场，获得新的原材料或半成品供给来源，它是包括科技、组织、商业和金融等一系列活动的综合过程。

党的十八大以来，我国大力实施创新驱动发展战略，创新型国家建设取得明显成效，创新能力大大提高，国际竞争力显著增强。2022 年，我国创新指数居全球第 11 位，连续10 年稳步提升，位居 36 个中高收入经济体之首。中国的创新与发展呈现出良好的正向关系，创新投入转化为更多更高质量的创新产出。

1.1.3　创业的概念

创业是指某个人发现某种信息、资源、机会或掌握某种技术，利用或借用相应的平台或载体，将其发现的信息、资源、机会或掌握的技术，以一定的方式，转化、创造成更多的财富、价值，并实现某种追求或目标的过程。创业是一种劳动方式，是一种无中生有的财富现象，是一种需要创业者组织、运用服务、技术、器物作业的思考、推理、判断的行为。

近年来，我国新登记市场主体快速增长，2022 年日均新设企业超过 2.38 万户，市场主体总量超过 1.6 亿户，创业热情不断迸发，创业群体更加多元，创业意愿和创业潜力高于国际平均水平；创业投资大幅增长，新三板挂牌数持续增长，IPO 活跃度不断攀升；相关体制机制改革深入推进，创业生态不断完善，对推动经济结构升级、扩大就业和改善民生、实现社会公平和社会纵向流动发挥了重要作用，为促进经济增长提供了有力支撑。

在此带动下，新技术、新产品、新业态、新模式不断涌现，极大促进了经济发展新动能的成长，催生了多种灵活的就业形态，在经济增速放缓的情况下，我国就业实现了不降反增。据统计，仅仅是"平台＋就业者"的电商生态就提供了 1500 万个直接就业机会，此外在关联产业还产生了超过 3000 万个间接就业机会。创业的带动效应可见一斑。

当前创业的发展水平与推动经济高质量发展的要求还有一定的距离，主要表现为"三多三少"：一是在商业模式方面体现较多，在技术方面尤其是在颠覆性、原始性技术方面体现较少；二是在"互联网＋"领域体现较多，在生物技术、先进制造等领域体现较少，特别是紧密结合当地资源和实体经济开展的创业较少；三是创业集聚区较多，但有特色、高水平的较少，而且地区之间的差距比较大。

1.1.4 创业理念

企业理念是企业在持续经营和长期发展过程中，继承企业优良传统，适应时代要求，由企业家积极倡导，全体员工自觉实践，从而形成的代表企业信念、激发企业活力、推动企业生产经营的团体精神和行为规范。企业理念表现为群体的理想、信念、价值观、道德标准、心理等方面，它一旦形成则不易发生变化，具有相当长的延续性和结构稳定性。

那何为创业理念呢？创业理念是创业者在创业实践活动中表现出来的思想意识、价值取向、道德规范、创业精神、创新能力、行为方式等要素的结合，具有时代性、科学性和实践性。新时代，高校可结合学生社团等各类学生组织，培养学生自我创业意识、增强学生自我创业能力、提升学生自我创业素养，让学生在创业文化的熏陶下把创业变成自我认同、自发运用的自觉行为。变以教师为主导的"说教式创业文化"为以学生为主体的"践行式创业文化"，树立和谐共生的创业文化理念。

有了创业理念，有了一定的创业意识，会在大学生间形成良好的创业氛围，大学生们会更有创业积极性，更加热情地去创造自己的价值。

1.1.5 创业理念的重要性

学校培养和社会培养、知识性培养和社会性培养可以丰富创业者的人生观、价值观，开阔创业者的眼界。那么创业理念的培养对以后的创业会有哪些重要的作用呢？

1. 对所处的环境有充分的认知

有些创业者将创业报告拟定好，也完成了融资，开始创业了。但是对环境没有充分的认识，导致最终的失败。《孙子兵法》中有：知己知彼，百战不殆。连对自己所处的环境都没有一个充分的认知，到最后的结果就只能是失败。

2. 优化团队组合

可能有人要问了，创业理念的培养中没有涉及团队，怎么能优化团队呢？其实不然，在素质培养的后天培养中其实就包含了关于团队意识的培养与强化。还有，在知识培养中，不可能创业者自己本身具备了所有的技能知识，可以根据自己的缺陷和不足来寻找适合的创业伙伴，以达到优势互补、弥补劣势的目的。团队的重要性在这里不必细说。

3. 锻炼对问题的应对意识

通过进行知识性培养和社会性培养可以让创业者学到很多成功的、不成功的案例，通过对案例的分析可以得到很多应对问题、解决问题、分析问题的能力，并且可以很好地发现隐藏的问题，及时解决，从而避免企业在刚开始阶段出现不必要的危机。如同蝴蝶效应中说的，一个小小的力量到最后也会产生巨大的影响。尤其对于刚开始创业的创业者来说，资金是最为缺乏的，需要提高资金的使用效率，把每一分钱都花在刀刃上。

4. 诚信从人开始培养

诚信的重要性对每个企业都是至关重要的，也是企业立足社会的基础。每个企业的创业者、管理者都希望自己的企业是个诚信的企业，而诚信企业的前提必须是具有一个诚信的团队，诚信的团队创造了诚信的企业，以实现企业的社会责任。通过创业理念的培养，可以把这种诚信的精神深深地烙在创业者的骨头中，让创业者时刻保持诚信，同时可以组建一支诚信的团队，从而实现企业的真正成功。

5. 增强企业的社会责任意识

企业社会责任是指企业在创造利润、对股东承担法律责任的同时，还要承担对员工、消费者、社区和环境的责任。企业的社会责任要求企业必须超越把利润作为唯一目标的传统理念，强调要在生产过程中对人的价值的关注，强调对消费者、对环境、对社会的贡献。增强社会责任意识，可以使创业者在企业发展过程中心系社会，不忘企业的社会责任，从而做一个对社会、对环境有利无害的企业，增加企业在社会中的影响力。

1.2　创新创业的意义

1.2.1　创新的重要性

1. 创新的意义

在现代市场经济条件下，面对日趋激烈的竞争，一个国家如何提升自己的综合国力？一个民族如何才能屹立于世界先进民族之林？一个企业如何才能立于不败之地？一个人如何才能取得事业的成功？重要的一点就是要有创新精神、创新能力，要不断创新。创新要求人们以科学的理论为指导，面对实际，敢于提出新问题、解决新问题。

不论是在企业发展上还是在社会生活中，创新始终占主导地位，对于企业来说就是使产品升级换代、推陈出新，降低成本提高效率抢占市场。创新使企业得以生存和发展，企业生存发展、做大做强的直接受益者是本企业的员工，但不应该局限于本企业的员工，更多地间接受益者应该是社会大众。创新的主体是人，充分发挥人的主观能动性和创造力是创新的动力和源泉。牢牢把握以人为本这一核心，组织才能走向健康发展、和谐发展的康庄大道。

没有创新就缺乏竞争力，没有创新也就没有价值的提升。在企业发展中，技术创新尤其重要。技术创新是企业创新活动的核心内容，它为组织的实施与过程管理提供必要的支撑和保障，越来越多的公司认识到了其重要性。跨国企业每年的研发投入都高达数十亿美元，主要用于支持自己强大的研发机构与团队的创新实践，使企业保持旺盛的创新活力，在国际市场竞争中成为赢家。近些年来，我国的华为、比亚迪等公司加大了研发投入。更令人惊奇的是中小企业也锐意技术创新，在市场竞争中获取高效益回报。如分布在我国各地高新技术开发区中的大量中小企业就是以自身的技术创新成就来创业发展，成为今天以知识为基础的经济发展的最重要部分。技术上的创新在产品的生产方法与工艺的提高过程中起着举足轻重的作用：一方面技术创新提高物质生产要素的利用率，减少投入；另一方面通过引入先进设备与工艺降低了成本。在企业的竞争中，成本与产品的差异化一直都是核心因素，技术的创新可以降低产品的成本，同样，一种新的生产方式也会为企业的产品差异化提供帮助，如果企业能够充分利用其创新的能量，就能在市场中击败竞争对手，占据优势地位。当然技术创新本身具有高投入、高风险性，因此在技术创新的过程中，必须通过建立良好的市场环境与政策条件，才能充分激发企业创新的内在动力，为企业创造最大价值。另外，技术创新也逐渐成为企业一项极其重要的无形资产，而企业作为利益分配主体，就意味着在照章纳税后，企业有权对技术创新收入进行自主分配。这样企业不仅可以有效补偿技术创新投入，而且可以有效地激励研究与开发人员，尤其是对技术创新有突出贡献的人员实行特殊的报酬机制。再者，企业可以根据有效的经济原则组建有效的研究与开发组织，按要素、贡献分配报酬，激励研究与开发的有效增长。创新还可以促进企业组织形式的改善与管理效率的提高，从而使企业不断提高效率，不断适应经济发展的要求。管理上的创新可以提高企业的经济效益，降低交易成本，开拓市场，从而形成企业独特的品牌优势。

在产品创新上，美国"硅谷"地区公司以其创新精神、独特的经营模式和雄厚的科技实力闻名于世。"硅谷"地区公司有两个特点：一是从事高新技术开发和应用的研究与开发；二是不断推出新产品和新技术。创新不仅在这些公司中表现得非常突出，而且在整个社会中得到了广泛的应用。

2. 创新能力

创新能力是指人在观察、思考活动的基础上形成的掌握知识、运用知识，进行创新的本领，具体由创造性观察能力、创造性思维能力和动手实践能力等组成。大学生有一定的专业知识并付诸实践，对一些事物有强烈的好奇心，并能发现事物的一些基本特点，观察出事物在构造、附属于自己的一些想法，要有创新精神，要大胆去创新，敢于去创新，敢于标新立异，善于发现新问题，开辟新思路，建立新理论，提出新设计，要具有敢于创新的精神。影响大学生创新能力的因素有很多，包括创新学习能力、基础知识积累、思维能力、创新技能等。

创新学习能力是指学习者在学习已有知识的过程中，不拘泥于书本，不迷信于权威，以已有知识为基础并结合当前实践，独立思考、大胆探索，积极提出自己的新思想、新观点、新方法的学习能力。

创造性个性品质是创新者各种心理品质的总和，主要表现为具有很强的创新意识、强烈的好奇心、坚韧不拔的毅力、科学理性的独立精神和热情洋溢的合作精神。良好的创新个性品质是形成和发挥创新学习能力的动力和底蕴。

创新思维是人脑对客观事物进行有价值的求新探索而获得独创成果的思维过程，是创新能力的灵魂和核心。大学生的创新思维处于核心地位。大学生的观察、发现、联想、想象需要创新思维的指导；大学生的创新动机、创新目标的确立需要经过创新思维的审视；大学生的创新活动需要创新思维进行全程判断、分析和验证。创新思维是一种突破常规的、能动的思维发展过程，求新的、无序的、立体的思维方式是发挥人的自主创新能力，以超越常规的眼界从特异的角度观察思考问题、提出全新方案解决问题的思维方式。它是人类思维的一种高级形式。

创新技能是创新能力成果转化的重要途径，它反映了创新主体行为技巧的动作能力。创新技能主要包括动手能力或操作能力以及熟练掌握和运用创新技法的能力、创新成果的表达能力和表现能力及物化能力等。创新技能同样也居于创新教育的核心地位，尤其在我国目前的学校教育中，更要加强以实验基本技能为中心的科学能力和科学方法的训练。由于某些原因自己很少去动手实践理论知识，由于各种顾虑更少去动手操作。所以想要提高创新能力，必须要大胆去实践，动手操作，试图提高动手能力和操作能力。

大学生应该培养坚韧不拔、善始善终的创新精神，积极参加学校举办的各类科技创新大赛等活动，激发自身的学习兴趣和创新潜力，培养迎难而上、开拓进取的创新精神，提高创新能力。要积极利用好学校资源，如图书馆、实验室等，这些场所通常是培育和激发创新灵感的绝佳环境；同时，大学生不应囿于校园，还应主动走出校门，参加社会调研，让理论和实践相结合，在社会实践中发现问题、思考问题、解决问题，并在实际活动中及时反馈，形成最后的成果。

大学生自身创新能力的提高是一个任重而道远的任务，但它对于提高我国自主创新能力、振兴民族科技和发展民族经济起着重要的作用，也是提高大学生自身综合素质，担负建设中国和谐社会重任的必然要求。作为大学生，应该积极响应国家号召，刻苦学习、深入钻研，积极主动地成为创新活动的重要角色，为成功推进自主创新战略的实施做出自己应有的贡献。

1.2.2 创业的重要性

1. 创业的必要性

当前，我国经济已由高速增长阶段转向高质量发展阶段，正处在转变发展方式、优化经济结构、转换增长动力的攻关期，国际环境也发生了复杂深刻的变化。新的内外部形势使推动创新创业向纵深发展成为一个"必选项"。

一是更好把握新一轮科技革命和产业变革的迫切需要。当前，以人工智能、量子信息、移动通信、物联网、生物医药、新能源、新材料等为代表的重大技术加速应用、实现突破，自然科学与人文社会科学之间、科学与技术之间、技术与技术之间交叉融合，引发人类生产、流通、社交等领域发生深刻变化，为解决人口与健康、食品、资源、环境等重大问题提供新的手段。创新创业不仅符合全球科技革命和产业变革的历史潮流，也符合当今世界进入互联网时代的历史潮流，是大势所趋。

二是推进供给侧结构性改革、实现经济高质量发展的必然要求。创新创业是一个不断解放和发展生产力、变革生产关系的过程，是提高生产效率的动力之源。把握高质量发展阶段的现实要求，推进供给侧结构性改革，根本上要靠创新。无论是降低企业成本、促进产业转型升级、提升企业发展水平和质量，还是提高要素质量和配置效率，从根本上讲都必须大力推进以科技创新为核心的全面创新，必须激发和保护企业家精神，鼓励更多社会主体投身创新创业。

三是全面建设社会主义现代化国家、实现中华民族伟大复兴中国梦的现实选择。建设社会主义现代化强国，必须大力实施创新驱动发展战略，切实加强基础研究和应用基础研究，突破一批关键核心技术，提高原始创新能力；必须大力推动创新创业，推进科技成果转化，促进产业结构升级，大力弘扬创新精神和企业家精神，建设强大的科技实力，切实提升创业能力。

2. 创业成功的关键

创业过程不可能是一帆风顺的，都会遇到各种各样的危机、困难，关键就在于创业者能否审时度势，量力而行。

（1）政策。很多成功的企业家在教育和指导中都提到过这样一点：每天晚上七点准时收看《新闻联播》。收看《新闻联播》可以准确地知道政府的政策走向，了解政策。有这样一句话：跟着政府走的企业都会成功。政策对于一个企业的帮助可以说是巨大的，例如政府推行的汽车下乡、家电下乡等政策，使得一些企业，尤其是一些以出口为主的民营企业，在出口受挫后，打开了中国本土市场，转向本土，使得企业恢复了元气，而且还扩大了生产，实现了企业的做大做强。目前，国家推出的一些面向大学毕业生的无息创业贷款让一些苦于没有资金的创业者看到了希望，开始投入创业。

（2）能力。具备创新能力、行动力、学习能力、团队合作能力、领导能力、抗压能力等多种能力的人更有可能在创业中获得成功，因为这些能力可以帮助他们克服各种挑战，实现自己的创业目标。

（3）环境。这里的环境是指创业者在创业经营过程中所处的外部的、不可改变的环境，如经济、人口等，这个对企业的影响是很大的。如现在中美贸易出现摩擦，大量出口美国市场比较困难，那能不能改变方向，转向欧洲或者本土呢？这个是创业者可以控制和决定的。

1.2.3　创新创业的未来

随着互联网、大数据、新能源、新材料、新技术等的发展，全球已经进入了智能化、数字化和信息化时代，欧美的"再工业化"、德国工业 4.0 都说明当前全球已经掀起新一轮的产业变革和科技革命。发展"四新经济"是未来我国在全球竞争中抢占制高点的重要战略举措，通过新科技突破、新产业兴起、新业态诞生、新模式应用培育新市场主体，为经济增长带来新活力、新动力，这是实现经济高质量发展的内在要求，也是当前阶段我国生产力发展的客观要求。中国发展仍具有诸多有利条件，中国经济韧性强、潜力大、活力高，长期向好的基本面没有改变。中国这个庞大的市场正在一点点地发挥着应有的效应，14 亿人也正在为经济的发展贡献自己的力量，而且越来越大，对于创新创业者来说是个好机会。但是，我们在看到机遇的同时，也要看到挑战。我国要实现 2035 远景目标，经济增长速度要维持在潜在增长速度 5% 左右，所以经济增长的任务比较紧；我们的储蓄率目前是 45%，是比较高的，高储蓄率可以转化成投资，是技术进步的资金保障。如果储蓄率下降太快，低于 35%，就会对创新发展造成一定的挑战。过去几年中国经济的主要问题是需求不足，因而我国提出扩内需要把恢复和扩大消费摆在优先位置。但是长远来看，消费占 GDP 比重如果上升太快，也就是储蓄率下降太快，就会影响投资和科技进步。因此，到 2035 年，储蓄率至少还得保持在 35% 以上。怎么来统筹调节经济与保持经济活力之间的关系、政府如何保持政策的连续性和稳定性、给市场稳定的预期，这些都是我们要面临的挑战。面对挑战，我们需要完整、准确、全面贯彻新发展理念，加快构建新发展格局，着力推动高质量发展，更好地统筹发展与安全，保持经济运行在合理区间。对于创新创业者来说只要认清自身，培养良好的创新创业理念，将其运用到工作和创业过程中，依托中国庞大的市场，一定会成功的。从政府角度看，要更好地推动创新创业向纵深发展，则需要重点在下述几个方面发力。

1. 大力推进技术创业

进一步完善科技成果产权管理体制，改革科研人员评价机制，打通科技成果转移转化的"最后一公里"。加快科研体制改革，打破体制机制障碍，大力促进有创业意愿的科研人员更好创业，让更多科研成果得到及时转化，让更多科研人员释放创新活力。

2. 加强对种子期、初创期和高速成长期创业企业的融资扶持

对政府引导基金的投资重点、投资阶段、运作模式和管理制度进行调整，加大对重点行业、起步及成长阶段企业的支持力度，调动民间资本投资的积极性。适应创业投资高风险的特点，建立投资失败容错机制，加大现有支持创业投资税收优惠政策的落实力度，同时支持金融机构开发适应"双创"的融资新产品。

3. 为创业者提供更多专业指导

推动创新创业服务平台向提升服务功能、增强造血能力转变，进一步完善创业服务产业链，开展强强合作、互补合作，形成资源和信息共享平台，为创业企业提供从项目到产业化的全链条创业服务。充分发挥大企业在市场渠道、资金等方面的优势，加强创业者与大企业的联系，促进创业企业成长。

4. 建立审慎包容、公平竞争的市场环境

适应新技术、新业态融合发展的趋势，进一步完善开办企业的程序，简化中小创业者的审批手续和办事流程。降低创业者进入重点领域的门槛，取消和减少阻碍创业者进入养老、医疗等领域的附加条件，加强事中事后监管。加强知识产权保护，完善相关法律法规。

5. 大力促进国际合作

进一步加大国际先进技术、人才、资金等要素"引进来"的力度，按照优势互补、合作共赢原则，充分发挥我国市场、人力资源等优势，在信息、生物、节能环保等领域建设国际科技创新合作园区，加强孵化、工程化平台建设，推动重大技术产业化示范和应用。

6. 营造包容失败的文化氛围

加大对成功创业者和创业事迹的宣传力度，推广优秀创业企业及创业团队的先进模式和经验；在全社会大力弘扬创新精神和企业家精神；积极倡导敢为人先、包容失败的创新文化，树立崇尚创新、创业致富的价值导向。

第 2 章
创新意识与创新思维

🌐 **本章导读**

　　创新意识与创新思维是人类意识活动中一种积极的、富有成果性的表现形式，是人们进行创造活动的出发点和内在动力。创新代表着一些社会主体奋斗的目标和价值指向，它能唤醒和发挥社会主体所蕴含的潜在力量。那么，什么是创新意识与创新思维？创新意识与创新思维又有哪些特征和作用？下面将进行具体讲解。

📝 **本章要点**

- 创新意识的类型
- 创新思维的过程
- 创新思维的形式
- 创新创业教育

2.1 创 新 概 述

创新是人类对自身和环境的积极参与和改造，反映了人类的自主性和创造力。这种能动性使人类能够从抽象思维到实际行动，不断地推动着社会和文明的进步。创新通常涉及创造新的思维方式，发明新的产品、技术或方法，以及用新的描述和表达方式来传达观念和概念。这种综合性的创新过程能够催生出新的价值和可能性。创新不仅仅是创造全新的事物，也可以是将旧的元素重新组合、改变或者以新的形式呈现，从而创造出新的价值，创新具有多样性和灵活性。总的来说，创新是一个极其广泛和深刻的概念，涵盖了从思维到实践的各个层面。它推动了科技、文化、艺术等各个领域的发展，不断地拓展着人类的认知边界和能力极限。

2.1.1 创新意识的含义

创新意识是指人们根据社会和个体生活的发展需求，产生创造前所未有的事物或观念的动机，以及在创造活动中表现出的意向、愿望和设想。创新意识是形成创造性思维和创造力的前提，其基本构成要素包括创造动机、创造兴趣、创造情感和创造意志。

1. 创造动机
创造动机是创造活动的动力因素，它能推动和激励人们进行并维持创造性活动。

2. 创造兴趣
创造兴趣是促使人们积极追求新奇事物的一种心理倾向，它能促进创造活动的成功。

3. 创造情感
创造情感是引起、推进乃至完成创造的心理因素。创造情感也能够促进创造活动的成功。

4. 创造意志
创造意志是在创造中克服困难、冲破阻碍的心理因素。创造意志具有目的性、自制性和顽强性。

2.1.2 创新意识的特征

1. 新颖性
创新意识强调不满足于表面或常规层面的认识，而是积极尝试将问题重新定义、重新审视。这可能意味着挑战既有假设、突破传统思维模式，以及寻找新的思维路径和解决途径。创新思维的最终目标是创造新的实用性或价值。这可以体现在新产品的设计和开发、新工艺的探索、新方法的应用，以及新方案的提出上。

2. 敏感性

具有创新意识的人会敏锐地观察周围环境和变化，从中发现机会。他们能够捕捉细微的变化和趋势，以产生新的创意。

3. 开放性

具有创新意识的人通常对世界充满好奇，持开放态度，愿意尝试新事物，不拘泥于既有的观点或传统。他们会提出问题，追寻答案，探索未知领域。

4. 关联性

创新意识常常通过将不同领域的思想、概念或方法进行关联和类比，以产生新的观点和解决方案。这种跨界思考能够带来独特的创意。

2.1.3　创新意识的价值

创新意识在大学生创业中的价值不可忽视。它不仅为创业提供了指导和方向，还能够塑造创业者的心态和能力，从而促进创新、推动创业的发展。在当今不断变化的商业环境中，具备创新意识的大学生更有可能在创业领域中获得成功。

（1）创新意识作为创业的精神指南。创新意识可以激发大学生的创业热情，并为他们提供在创业过程中的思维导向。它鼓励大学生思考不同寻常的问题、寻找独特的解决方案，以及不断探索新的领域和机会。

（2）创新意识在创业策略中的重要性。创新意识可以为大学生创业提供策略性的引导，它帮助大学生意识到创业并不仅仅是模仿已有的方法，而是需要不断寻求新的切入点、市场定位和竞争优势。创新意识能够启发独特的创业策略，从而提高成功的机会。

（3）激发创业潜能。创新意识可以唤起大学生内在的创业潜能，它鼓励大学生自主思考，勇于尝试新想法，培养自信心和创造力，从而有助于他们将创业理念转化为实际行动。创新意识可以帮助大学生克服创业过程中的挑战，提高创业的成功率。

2.2　创新意识的类型

具有创新意识的人通常拥有活跃的思维，能够灵活地思考问题，寻找不同的视角和解决途径。他们不拘泥于传统思维模式，而是勇于挑战既有的观念和假设。具有创新意识的人通常会投入超出寻常的精力和热情，因为他们对于创新的追求是内在驱动的，不仅仅是出于外部的奖励或压力。强烈的创新意识能够推动个人或团队取得丰硕的成果。这种意识不仅仅促使创新者在短期内产生创意，还能够将这些创意转化为实际的、有价值的成果，推动进步和发展。创新意识可以根据不同的维度和特点进行分类，下面给出一些常见的创新意识类型。

2.2.1 根据表现形式划分

1. 战略性创新意识

这种类型的创新意识侧重于发现和把握战略性机会，将创新纳入组织的长期规划和发展战略中。它强调对市场、技术和社会趋势的敏锐洞察，以及如何在变化中找到新的商业模式和增长领域。

2. 产品 / 服务创新意识

这种类型的创新意识关注于开发新产品、服务或改进现有产品、服务，以满足消费者不断变化的需求和期望。它强调创造具有竞争力和差异化的产品或服务，从而获得市场份额和客户忠诚度。

3. 技术创新意识

技术创新意识侧重于发现和应用新技术、工具和方法，以提高效率、降低成本或实现业务目标。它强调在技术领域寻找新的解决方案，推动科技进步和发展。

4. 流程创新意识

这种类型的创新意识关注于优化流程、改进运营方式，以提高组织的效率和竞争力。它强调重新设计流程、采用新的管理方法和工作流程，以适应变化的环境。

5. 市场创新意识

市场创新意识注重发现新的市场机会和营销策略，以吸引新的客户群体或进入新的市场领域。它强调如何创造独特的品牌价值，满足消费者需求，并创造市场份额。

6. 社会创新意识

社会创新意识关注解决社会问题和改善社会福祉。它强调在社会领域中找到创新的方法和模式，以促进社会公平、环境可持续性等社会价值。

7. 跨界创新意识

这种类型的创新意识鼓励在不同领域之间进行跨界融合，将不同领域的思维、概念和方法结合起来，产生新的创意和解决方案。

8. 组织创新意识

组织创新意识强调整个组织内部的创新氛围和文化。它强调鼓励员工提出新想法、支持创新实践，并促进组织内部的创新合作和协调。

2.2.2 根据自主性划分

根据创新成果自主性的不同，可以将创新分为自主创新和模仿创新两类。

1. 自主创新

自主创新是指在技术、产品、科学领域等方面的创新，强调拥有自主知识产权和独特核心技术。这种创新能力使企业或国家能够在市场竞争中保持竞争优势。自主创新包括了新的科学发现、技术突破、产品研发等。对企业而言，自主创新能够帮助其不断开发新产品、改进现有产品，从而增强市场竞争力。对国家来说，自主创新是提升国际地位和国际竞争力的重要手段。

2. 模仿创新

模仿创新是在前人已有创新成果的基础上进行改进和模仿的创新活动。它可以分为两种模式：完全模仿创新和模仿后再创新。在完全模仿创新中，企业或个人直接复制前人的创新成果。然而，随着知识产权保护和专利制度的加强，完全模仿变得困难。因此，许多情况下，模仿创新是指在模仿已有成果的基础上进行改进、创新，以适应市场需求或改善性能。

总的来说，自主创新和模仿创新都在推动技术和社会进步方面发挥着作用。自主创新强调独特性和自主知识产权，而模仿创新则是在依赖前人成果基础上的进一步改进。在实际应用中，两者可能会相互交织，共同推动着创新的发展。

2.2.3　根据层次划分

根据创新层次的不同，可以将创新分为原始创新和改进创新两类。

1. 原始创新

原始创新是指对现有问题、挑战或领域进行彻底的、根本性的改变和转变。它涉及创造全新的概念、技术、产品、服务，通常在某一领域引入了前所未有的想法或方法。原始创新通常具有高度的风险性和不确定性，但如果成功，它可以带来显著的突破和颠覆性的影响。

2. 改进创新

改进创新是指对现有产品、服务或流程进行逐步的改进和优化。它不是从零开始创造新事物，而是在已有基础上进行增量改动，以提高性能、效率、质量或其他方面的特征。改进创新通常较为稳定和可预测，可以通过逐步的小步改变来实现。

3. 原始创新和改进创新的区别

（1）性质和程度。原始创新追求根本性的变革，试图打破现有的边界和限制，引入全新的思想和方法。改进创新则更注重对已有事物的优化和增强，目标是在现有框架内取得渐进的进步。

（2）风险和影响。原始创新通常涉及较高的风险，因为它需要从零开始构建新的概念或技术，成功的机会与失败的风险都较大。然而，如果成功，原始创新可以带来深远的影响和颠覆性的变革。改进创新的风险较低，但对现有业务和流程的改善可以在短期内产生积极效果。

（3）时间和资源。原始创新通常需要更多的时间和资源，因为它需要进行更多的研发、试验和探索。改进创新通常更加实际和可行，可以在较短的时间内实现。

（4）市场适应性。原始创新可能需要更多的时间来被市场接受和理解，因为它可能打破了消费者的传统期望。改进创新更容易被市场接受，因为它在现有的基础上进行了优化，满足了消费者的实际需求。

2.3　创新思维的过程

创新思维常常让人们感觉是偶然的、直觉的、瞬间的灵感浮现，其实很多创新都是一个经过系统性探索和深思熟虑的过程。创新思维需要经历若干个阶段性过程才能得到所谓的灵感。大量的实例已经证明，需要认真地学习和总结创新思维的过程和规律，有意识地应用创新思维的方法，而不是只凭直觉。创新思维过程分为下述四个阶段。

1. 准备知识

在这个阶段，你需要收集信息、研究背景、了解问题，并建立起解决方案所需的知识基础。这个阶段的关键是获取必要的背景知识，为创造性思维打下坚实的基础。

2. 孵化酝酿

在这个阶段，你可以将问题暂时放在一边，让潜意识去处理。虽然你可能会认为你正在把问题忘记，但实际上你的大脑在背景下继续处理信息，寻找解决方案。这种思考的潜意识过程有助于创造出意想不到的想法。

3. 点亮灵感

在这个阶段，你突然间获得了一个创新的想法、解决方案或灵感。这是一个突然而神奇的时刻，通常伴随着洞察力的爆发，让你看到了之前未曾注意到的联系和可能性。

4. 验证评估

在这个阶段，需要进一步验证和评估你的想法，确定它们的可行性并将其付诸实践。这可能包括测试、修改、进一步开发和规划，以确保你的创意能够真正实现。

这个四阶段模式提供了一个常见的创造思维过程的框架，实际的创造性思维过程可能是更加复杂和个体化的。每个人在不同情境下可能会经历不同的思维流程。然而，这个模式仍然提供了一个有用的框架，帮助人们理解和引导创新过程。

2.4　创新思维的形式

钱学森指出：思维学是研究思维过程和思维结果，不管在人脑中的过程。这样我从前提出的形象（直感）思维和灵感（顿悟）思维实是一个，即形象思维，灵感、顿悟都是不同大脑状态中的形象思维。另外，人的创造需要把形象思维的结果再加逻辑论证，是两种思维的辩证统一，是更高层次的思维，应取名为创造思维，这是智慧之花。

钱学森所说的"创造思维"就是创新思维。创新思维是建立在逻辑思维和形象思维基础之上的，创新思维大致可分为下述几种形式。

1. 逆向思维

逆向思维是一种思考方法，它涉及从一个问题、挑战或目标的反面或不同角度来思考，以获得新的洞察力、创意或解决方案。逆向思维的目标是通过破坏传统思维模式来刺激创新和产生不寻常的想法。下面举几个逆向思维的例子。

（1）问题解决。假设你正在尝试解决一个交通拥堵问题。传统思维可能会考虑如何改善道路和交通信号。但逆向思维会问：如何制造更多的交通拥堵？这似乎是一个不合常理的问题，但通过这个问题你可能会考虑到人们共乘、使用公共交通工具等创新方法。

（2）产品设计。想象你要设计一部智能手机。逆向思维会让你思考如何使这款手机更加难以使用。这可能会引导你注意用户界面的痛点，从而改进用户体验。

（3）创意发展。假设你想创造一个新的音乐风格。逆向思维会让你想象，如果你想使音乐变得最无趣，你会用什么元素？然后，你可以反转这些元素，以创造出与众不同的音乐。

（4）竞争分析。如果你在市场上竞争，逆向思维会要求你思考如何帮助竞争对手赢得更多的市场份额。通过这样的思考，你可以识别出你自己的竞争优势，以及可以改进的方面。

（5）问题挖掘。假设你想了解为什么一个项目失败了。逆向思维会让你考虑：如果你想让这个项目更加失败，你会采取哪些步骤？通过这个思考，你可能会找到之前未曾考虑的风险因素。

这些例子展示了逆向思维是如何通过破坏传统思维模式引发新的洞察力和创意的。它可以帮助你看到问题的不同方面，从而找到更好的解决方案。

2. 侧向思维

侧向思维是一种创造性的思维方法，旨在从不同、非传统的角度思考问题，以找到新的解决方案或创意。与传统的直线性逻辑思维不同，侧向思维鼓励打破常规思维模式，探索多样的思维路径，以获得更广泛的观点和创新的想法。侧向思维的特点如下：

（1）连接不相关的元素。侧向思维鼓励将看似无关的概念、想法或元素联系在一起。例如，将音乐和科学结合，想象出一种以分子结构为基础的音乐创作方法。

（2）应用隐喻和类比。侧向思维可以通过将问题与完全不同的情境或领域进行类比来产生新的视角。比如将经营一家公司类比为航海，从中得到管理和决策的新想法。

（3）拆解与重组。侧向思维会鼓励你将问题或挑战拆解成不同的部分，然后重新组合，以找到新的解决方案。这可以帮助你看到问题的不同层面。

（4）探索矛盾与反面。侧向思维鼓励你考虑问题的反面或矛盾。例如，如果你在考虑如何提高客户满意度，侧向思维会让你思考如何让客户感到不满意，从而识别需要改进的方面。

（5）假设破坏。侧向思维可以通过反转或颠覆问题中的假设来激发创意。例如，如果问题是如何提高销售额，你可以考虑如何降低销售额。

总的来说，侧向思维是一种能够打破常规思维模式、寻找非传统解决方案的方法。它适用于解决各种问题，促进创新，并有助于发现隐藏的机会和潜力。

3. 求异思维

求异思维是一种强调寻找和探索与众不同、独特和非常规解决方案的思维方法。它的核心理念是通过追求与常规思维模式不同的想法和方法来获得更创新的结果。求异思维通常涉及以下几个方面：

（1）独立思考。求异思维鼓励你独立思考问题，不受传统、社会或集体思维的影响。这有助于避免固定思维模式。

（2）跨领域启发。求异思维可以从不同领域的概念、想法和方法中寻找灵感，将它们应用于解决当前问题。跨领域的启发有助于创造性地结合不同元素。

（3）挑战现有假设。求异思维会鼓励你挑战现有的假设，考虑与传统观点相悖的想法。通过反向思考你可以发现隐藏的机会。

（4）追求独特性。求异思维强调创造出与众不同的想法，避免陷入常规的解决方案，寻找那些能够引起注意并引发新思考的独特想法。

（5）试错和实验。求异思维鼓励尝试新的方法和想法，即使它们可能看起来不太寻常。试验和实验可以帮助你发现哪些想法是有效的。

求异思维在创新、问题解决、决策制定等方面都有用武之地。通过摆脱传统思维的束缚，它可以激发创新和创意，带来新的视角和突破性的想法。

4. 类比思维

类比思维是一种创造性思维方法，通过在不同领域、情境或概念之间寻找相似性来产生新的洞察力、理解和创新的想法。通过将一个问题或领域与另一个问题或领域进行类比，人们可以将之前的知识和经验应用到新的情境中，从而获得新的视角和解决方案。类比思维具有以下特点：

（1）创意启发。类比思维可以从一个领域中寻找灵感，然后将其应用于另一个领域。例如将自然界的模式应用于设计，或者将艺术中的概念用于商业策划。

（2）问题解决。通过将一个问题与另一个类似的问题进行类比，你可以找到已知解决方案的类似情况，并将其应用于新问题。这可以节省时间并引发创新想法。

（3）概念转化。类比思维可以帮助你将一个概念从一个领域转移到另一个领域，以获得新的见解。例如将心理学中的概念应用于市场营销策略。

（4）寻找共性。通过比较不同领域或情境之间的共性，你可以发现它们之间的相似性，从而从中获得新的见解。这有助于发现隐藏的联系。

（5）产生新的问题。类比思维可能会引发新的问题，使你能够从多个角度探索问题。这可以促进深入思考和全面分析。

（6）视角扩展。通过将不同领域的概念结合在一起，类比思维可以扩展你的视角，让你看到问题的更多方面。

总之，类比思维是一种强大的创造性思维工具，它可以帮助你在不同的领域中找到共性、产生新的想法，以及从新的角度解决问题。通过将已有的知识和经验与新情境联系起来，你可以获得更丰富的创意和见解。

5. 综合思维

综合思维是一种将不同的概念、观点、知识和经验结合在一起，形成全面、多角度的理解和解决方案的思维方法。这种思维方法强调将不同的元素整合以产生更全面、深入和综合的见解。综合思维通常涉及以下几个方面：

（1）跨学科整合。综合思维鼓励将不同学科的知识和方法整合在一起，以获得更全面的解决方案。这有助于看到问题的多个方面，从而找到更好的解决途径。

（2）综合不同观点。综合思维鼓励你考虑不同人的不同观点和经验。通过汇集不同的观点，你可以获得更全面的理解，减少盲点。

（3）将理论与实践结合。综合思维可以帮助你将理论知识与实际经验相结合，从而产生更实用的解决方案。这有助于确保你的想法能够在实际中执行。

（4）综合不同策略。在解决问题或制订计划时，综合思维会鼓励你考虑多种不同的策略和方法，然后综合起来，形成更全面的计划。

（5）综合数据。在分析问题时，综合思维会要求你整合来自不同来源的数据，以得出更准确的结论和判断。

（6）系统思考。综合思维鼓励你以系统性的方式思考问题，考虑事物之间的关系和相互作用。这有助于获得更深入的洞察力。

综合思维在复杂问题解决、创新、决策制定等方面都非常有用。通过将不同的元素综合在一起，你可以获得更全面和深刻的理解，从而制订更有效的计划和解决方案。

6. 发散思维

发散思维是一种思维方法，强调产生多样性和丰富性的创意、观点和想法。与传统的线性思维不同，发散思维鼓励自由、开放和非受限的思考，以产生多个可能的解决方案和视角。发散思维的特点如下：

（1）产生多个想法。发散思维强调产生尽可能多的想法，不受限制，不进行筛选。这有助于挖掘潜在的创新和解决方案。

（2）关联思维。在发散思维中，你可以自由地将不同的想法、概念和观点联系在一起，从而创造出新的关联和可能性。

（3）跳跃性思考。发散思维不拘泥于线性的思维流程，允许你进行跳跃性的思考，从一个想法快速跳到另一个想法。

（4）倡导非传统。发散思维鼓励你远离传统思维模式，尝试非常规的、不寻常的方法和观点。

（5）提问和"假设如果"。在发散思维中，你可以通过提问和构建假设场景来激发创意。例如你可以问自己："假设如果我们可以逆转这个问题，会发生什么？"

（6）创造性的联想。在发散思维中，你可以通过将不同领域的概念、想法和元素进行联想，创造出新的、意想不到的想法。

总之，发散思维是一种能够产生创新和多样性想法的重要方法。它在创意产生、问题解决、决策制定等方面都具有价值。通过开放、自由和多元的思考，你可以探索新的视角并找到新的解决途径。

2.5　创新创业教育

创新创业教育是一种旨在培养学生创新思维、创业精神和创造力的教育方法。它不仅帮助学生掌握实际的创业技能，还鼓励他们从不同角度思考问题，寻找新的解决方案，并为未来创业或职业发展做好准备。创新创业教育的目标是培养出有创新意识、创业能力和适应未来社会需求的个人。它可以在学校、培训机构、创业孵化器等不同层面实施。这种教育方法有助于激发学生的创造力，提升其竞争力，并推动社会创新和经济发展。创新创业教育通常涵盖下述几个方面。

2.5.1　创新思维培养

培养创新思维是一项重要的任务，可以帮助个人在解决问题、提出创意和应对变化时更加灵活和创新。下面是一些培养创新思维的方法和策略。

1. 多样的学习和体验

通过涉足不同领域、参与各种活动和项目，你可以暴露自己于不同的观点、问题和挑战，从而培养多样化的思维。

2. 鼓励质疑和探索

不要接受事物表面的信息，勇于提出质疑，深入探索问题的本质和多个可能性。

3. 接纳失败和风险

培养创新思维需要接纳失败和风险。从失败中学习，并将它们视为改进的机会。

4. 跨领域学习

学习不同领域的知识，将不同的概念结合在一起，寻找新的联想和创新。

5. 解决现实问题

从日常生活和工作中的实际问题出发，思考如何创新解决，这有助于培养实用的创新思维。

6. 与他人合作

与不同背景、经验和专业领域的人合作可以引入不同的观点和思维方式，促进创新。

7. 创意技巧和工具

学习一些创意技巧和工具，如思维导图、逆向思考、类比思维等，这些工具可以激发创意。

8. 持续学习和自我反思

创新思维是一个不断发展的过程，持续学习、自我反思和改进是关键。

总之，培养创新思维需要时间和努力，但它可以极大地增强你的问题解决能力和创造力。通过尝试不同的方法和策略，你可以逐步发展出富有创意和创新力的思维方式。

2.5.2　创业精神培育

创业精神是指个体或团体在面对风险、不确定性和机遇时，积极地发现、创造和追求商业机会的能力和意愿。培育创业精神对个人和社会的发展都具有重要意义。可以从下述几个方面来培育创新精神。

1. 教育与培训

提供创业教育和培训课程，帮助人们了解创业的基本概念、流程、挑战和机会。这些课程可以在学校、社区教育中心、在线平台上开设。

2. 激发创新思维

鼓励人们积极寻找解决问题的新方法和创意。组织创意工坊、头脑风暴会议和创新比赛，帮助人们锻炼创新思维和发散性思维能力。

3. 提供资源支持

提供初创企业所需的资源，如资金、办公空间、导师指导等。政府、投资者、孵化器、加速器等机构可以提供这些支持。

4. 鼓励承担风险

培养人们勇于承担风险、面对不确定性的勇气。了解失败是成功的一部分，并从失败中汲取教训，是培育创业精神的重要组成部分。

5. 传播成功案例

分享成功的创业故事和案例，鼓励人们从他人的成功中获得启发和动力。

6. 培养坚韧不拔的精神和适应能力

创业过程中会遇到各种挑战和障碍，培养坚韧不拔的精神和适应能力对于克服困难来说至关重要。

7. 网络建设

帮助人们扩展人脉和社交圈子，建立与行业专家、合作伙伴和潜在客户的联系。

8. 激励机制

设立奖励机制，鼓励创业者和创新者持续努力，激发创业的积极性。

9. 提供法律支持

帮助创业者了解法律法规和知识产权保护，减少法律风险。

10. 社会文化氛围

培育支持创新和创业的社会文化氛围，让人们在不被歧视、批评或压力影响的情况下追求创业梦想。

总之，创业精神的培育需要多方面的支持和努力，包括教育、资源、激励和社会文化环境的共同塑造。

2.5.3 创意和创造力培训

创意和创造力培训旨在帮助个人和团队开发创新思维、解决问题的能力和产生独特的想法。下面是一些培育创意和创造力的方法和建议。

1. 头脑风暴

组织头脑风暴会议，让参与者自由表达各种想法，不受限制地进行创意思考。鼓励在会议中积极分享各种观点，无论它们看起来是否合乎逻辑。提倡逆向思维，即从与传统思维相反的角度考虑问题。这可以帮助发现不同寻常的解决方案。

2. 创意工坊

定期举办创意工坊，引导参与者参与各种创意活动，如绘画、手工艺、音乐等，以促进他们的创造力。

3. 跨学科学习

鼓励参与者涉猎不同领域的知识和技能，从而激发跨学科的创意。不同领域的知识和经验可以相互交融，产生新的创意。使用思维导图和概念图工具，将复杂的问题分解成可管理的部分，帮助发现问题的不同层面和关联。将来自不同背景、领域和经验的人集合在一起，可以带来不同的思维方式，促进创意的碰撞。

4. 随机刺激

使用随机单词、图像、音乐等刺激物激发创意思维。将不相关的元素引入思考过程，有时可以产生出乎意料的创意。

5. 挑战性任务

提供具有挑战性的任务和项目，要求参与者超越传统思维范围，尝试新的方法和角度，培养参与者在失败中学习和成长的心态。培育创意和创造力的过程中，失败是常见的，但它们也是改进的机会。

6. 实践与反思

鼓励实践创意思维，并在完成任务后进行反思。思考哪些方法有效，哪些需要改进，以及如何更好地应用创意思维。创意和创造力是可持续发展的能力，持续学习和实践是保持创新思维的关键。

2.5.4 商业知识和技能

在创新创业教育中，教授商业知识和培养商业技能对于培养学生的创新创业能力至关重要。下面是在创新创业教育中强调的一些关键商业知识和技能。

1. 商业知识

（1）商业模型。教授学生如何设计、评估和优化商业模型，确保创意项目在市场中具有可行性和可持续性。

（2）市场分析和调研。培养学生的市场分析能力，让他们了解目标市场、客户需求和竞争格局。

（3）财务管理和预算编制。教授学生如何编制财务预算、预测现金流和分析财务报表，以便有效管理创业项目的财务状况。

（4）融资与投资。介绍不同类型的融资途径，如风险投资、天使投资和众筹，帮助学生了解如何筹集资金来支持创新项目。

（5）知识产权和法律事务。引导学生了解知识产权保护、商标注册和合同法律等方面的知识，以确保创新项目的合法性和可靠性。

2．商业技能

（1）创业计划书编写。培养学生编写完整、具有说服力的创业计划书的能力，包括项目介绍、市场分析、财务规划等。

（2）市场营销策略。教授学生如何制定市场定位、品牌建设和市场推广策略，吸引目标客户群体。

（3）团队合作与领导能力。培养学生团队合作和领导能力，让他们能够有效地管理团队成员和资源。

（4）商业谈判和沟通。强调学生的商业谈判技巧和沟通能力，使他们能够与投资者、合作伙伴和客户进行有效交流。

（5）风险管理。培养学生的风险识别和管理能力，让他们能够在不确定的环境中作出明智的决策。

（6）创新思维。鼓励学生跳出传统思维模式，培养他们发现新机会、解决问题和创造新价值的能力。

（7）项目管理。引导学生学习项目管理方法，确保创业项目按计划执行，控制进度和成本。

（8）演示和展示技能。培训学生进行有效的演示和展示，向潜在投资者、客户和合作伙伴展示创新项目的价值。

（9）快速学习和适应。培养学生快速学习和适应新情况的能力，以应对创新创业过程中的变化和挑战。

2.5.5 实践和体验

创新创业教育的实践和体验是培养学生创新思维和创业精神的重要途径之一。通过实际项目、实践活动和亲身体验，学生可以更深入地理解创新创业的过程和挑战，同时培养解决问题、团队合作和决策能力。

1．创业比赛

组织创业比赛，让学生以团队形式提出创意、制订商业计划，并在实践中推动他们将想法转化为实际产品或服务。

2．孵化器和加速器项目

合作或设立孵化器和加速器，提供资源、导师指导和创业环境，帮助学生将创意项目落地发展。鼓励不同学科的学生合作，跨领域整合知识和技能，促进创新思维的碰撞。

3．实地考察和访问

安排学生参观新创企业、初创公司和创业中心，让他们亲身了解创新创业的实际运作和挑战。

4. 创业导师

邀请成功的创业者、投资者或行业专家担任导师，为学生提供实际经验和指导。

5. 项目驱动学习

设计基于实际问题的项目，让学生在解决问题的过程中培养创新和创业能力。利用沙盘模拟游戏等方式，让学生在虚拟环境中模拟创新创业决策，锻炼决策和风险管理能力。鼓励学生关注社会问题，设计解决方案并创建社会企业，培养社会创新和责任感。

6. 创业实习

安排学生在初创公司或创新部门实习，让他们亲身体验创业环境，了解从内部视角看创新创业。鼓励学生提出自己的创业想法，提供资源和指导，让他们亲身经历创业的全过程。

7. 创新创业讲座和工作坊

邀请行业专家、创业者和投资者举办讲座和开设工作坊，让学生直接听取成功案例和经验分享。创建模拟投资环境，让学生充当投资者来评估创业项目的可行性，锻炼投资决策能力。

2.5.6　团队合作与沟通

在创新创业教育中，团队合作和沟通是至关重要的技能，因为创新创业往往涉及多领域的知识和不同角色的合作。

1. 团队合作

（1）多学科团队。鼓励学生形成多学科、多背景的团队，从不同领域的人员中汲取各种知识和经验。

（2）角色分配。教导学生如何根据个人技能和兴趣分配团队角色，以确保团队内部各方面的需求都得到满足。

（3）协作技能。培养学生在团队中协调、合作和解决冲突的能力，以保持团队的和谐和高效。

（4）目标共识。强调制定明确的团队目标和使命，确保每个团队成员都了解并致力于共同目标。

（5）有效沟通。鼓励团队成员积极分享观点、意见和进展，避免信息不畅通和误解。

2. 沟通技能

（1）清晰表达。培养学生清晰、简洁地表达观点，使沟通信息易于理解和消化。

（2）倾听能力。强调倾听他人观点，尊重不同意见，以建立开放和包容的沟通氛围。

（3）反馈机制。教导学生如何提供和接受建设性的反馈，以改进自己的沟通方式和表达能力。

（4）虚拟沟通。培养学生在虚拟环境中进行有效沟通的能力，如在线会议、团队协作工具等。

（5）表达信心。鼓励学生自信地表达自己的观点，同时也要尊重他人的观点。

在课堂中，教师可以通过团队项目、角色扮演、讨论和案例分析等方式模拟真实的团队合作和沟通场景，让学生在实践中培养这些关键技能。同时，还可以引导学生学习有效的沟通工具和技巧，如会议管理、协作平台的使用等，以提升团队合作和沟通效率。

第 2 部分
实践篇

第 3 章
全国大学生智能汽车竞赛

本章导读

　　竞赛以"立足培养，重在参与，鼓励探索，追求卓越"为指导思想，旨在促进高等学校素质教育，培养大学生的综合知识运用能力、基本工程实践能力和创新思维拓展能力，激发大学生从事科学研究与探索的兴趣和潜能，倡导理论联系实际、求真务实的学风和团队协作的人文精神，为优秀人才脱颖而出创造条件。

本章要点

- 全国大学生智能汽车竞赛的报名要求、竞赛要求及其他有关比赛的内容
- 全国大学生智能汽车竞赛组别的选择
- 技术报告的撰写

3.1　大赛简介

　　全国大学生智能汽车竞赛是以智能汽车为研究对象的创意性科技竞赛，是面向全国大学生的探索性工程实践活动，是教育部倡导的大学生科技竞赛之一。竞赛以"立足培养，重在参与，鼓励探索，追求卓越"为指导思想，旨在促进高等学校素质教育，培养大学生的综合知识运用能力、基本工程实践能力和创新思维拓展能力，激发大学生从事科学研究与探索的兴趣和潜能，倡导理论联系实际、求真务实的学风和团队协作的人文精神，为优秀人才脱颖而出创造条件。竞赛以竞速赛为基本比赛形式，后期逐渐新增创意赛和技术方案赛等多种形式。竞速赛以统一规范的标准硬软件为技术平台，制作能够自主识别道路的汽车模型，按照规定路线行进，并符合预先公布的规则，以完成时间由短到长确定名次。创意赛是在统一限定的基础平台上，充分发挥参赛队伍想象力，以创意任务为目标，完成创意作品；竞赛评判由专家组打分、现场观众评分等因素综合评定。技术方案赛是以学术理论为基准，通过现场方案交流、专家质疑评判、现场参赛队员投票等形式，针对参赛队伍的优秀技术方案进行评选，其目标是提高参赛队员的创新能力，鼓励队员之间相互学习交流。

　　竞赛以飞思卡尔半导体（中国）有限公司（以下简称飞思卡尔）为协办方，已成功举办十一届。举办第十一届比赛时，飞思卡尔公司被恩智浦公司收购，此后协办方改为恩智浦公司。智能汽车竞赛曾得到教育部原副部长吴启迪教授、高等教育司原司长张尧学、国际合作与交流司及高等教育司理工处领导的高度评价，获得参赛高校师生的一致好评。经过数年的积累，竞赛已经发展到全国有 400 余所高校广泛参与，覆盖 30 个省、自治区、直辖市的全国性大学生科技竞赛。其中，第三、四、五届竞赛连续被教育部批准列入国家教学质量与教学改革工程资助项目。恩智浦公司（原飞思卡尔公司）于 2010 年 8 月 26 日与教育部国际合作与交流司签署了关于"高等学校人才培养战略合作协议"。

　　竞赛过程包括理论设计、实际制作、整车调试、现场比赛等环节，要求学生组成团队，协同工作，初步体会一个完整的工程性研究项目从设计到实现的全过程。竞赛融科学性、趣味性和观赏性为一体，以发展迅猛、前景广阔的汽车电子为背景，涵盖自动控制、模式识别、传感技术、电子、电气、计算机、机械、车辆工程等多学科知识。竞赛规则透明，评价标准客观，始终坚持公开、公平、公正的原则，保证竞赛的健康发展。竞赛影响力逐年增强，每年有数以万计的学生因此而受益，竞赛为全国高校创新实践型人才培养模式提供了一条可行的参考途径。

3.2　参赛要求

本竞赛中包括有竞速赛大类、综合创意赛大类、室外专项赛大类。竞速赛大类根据所使用的车模、微控制器、传感器、比赛任务、参加学生的不同分为十个不同的竞速组别。参赛队伍使用指定微控制器系列作为核心控制模块，通过增加道路传感器、电机驱动电路以及编写相应单片机软件，制作一部能够自主识别道路或目标的模型汽车，按照规定路线或任务行进，以完成综合时间最短者为优胜。具体比赛内容详见《智能汽车竞速赛细则》。综合创意赛大类将会以机器视觉、人工智能、ROS等为主要开发内容，并在配备复杂传感器的运动平台上进行部署，完成无人系统相关任务，分为三个子类。具体比赛内容详见每个子类比赛细则要求。室外专项赛将以无人驾驶算法为考核重点，比赛场地侧重于室外环境，更加贴近产业化，对参赛学生的创新和实践能力提出了更高要求，分为五个子类。

参加分赛区比赛的每个学校最多可以有十支队伍报名参加竞速赛（不包括综合创意组比赛的队伍），同一学校同一竞速组别中只能有一支参赛队。参加安徽省、山东省、浙江省比赛的学校按照省赛比赛规则报名参赛。经过分赛区（省赛区）的比赛选拔，每个学校每个比赛类别只能有一支队伍参加全国总决赛。综合创意赛和室外专项赛的报名和遴选方法将会另文通知，经过组委会遴选之后参加全国总决赛区的比赛。竞赛将按照参赛队伍比赛成绩分别设立分赛区、全国总决赛参赛奖项，并为全国总决赛获奖队伍提供优胜者奖品和证书。竞速赛参赛队伍必须使用竞赛秘书处统一指定的单片机系列、模型车、电池和舵机，制作赛车所需用品由参赛队伍自行购买和制作。

3.3　大赛安排

3.3.1　比赛阶段

竞赛分为分赛区（省赛区）和全国总决赛两个阶段。其中，全国总决赛阶段在全国竞赛组委会秘书处指导下，与决赛承办学校共同成立竞赛执行委员会，下辖技术组、裁判组和仲裁委员会，统一处理竞赛过程中遇到的各类问题，如图3-1所示。

全国和分赛区（省赛区）竞赛组织委员会工作人员，包括技术评判组、现场裁判组和仲裁组成员均不得在现场比赛期间参与任何针对个别参赛队的指导或辅导工作，不得泄露任何有失公允竞赛的信息。在现场比赛的时候，组委会可以聘请参赛队伍带队教师作为车模检查监督人员。

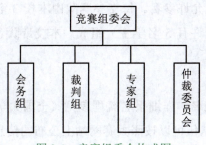

图 3-1　竞赛组委会构成图

3.3.2　比赛流程

针对次年暑期举行各分赛区、全国总决赛比赛过程中存在的一定不确定性因素，比赛流程在继承以往比赛流程安排以及暑期比赛简化流程的基础上，将会尽量简化比赛流程安排，或者结合线上线下相结合的模式。具体比赛日程安排将会在每年 6 月中旬公布。

分赛区（省赛区）和总决赛的比赛规则相同。九个赛题组所遵循的比赛规则基本相同，但分别进行成绩排名。

除了完成正常比赛之外，组委会还会在比赛期间增加相关的技术交流、组织参观等活动。

3.3.3　比赛奖项

比赛将按照"分赛区普及、全国赛提高"的原则，在分赛区（省赛区）每个组别分别按照相同的比例设置奖项。每个组别按照相同的队伍选拔各分赛区队伍参加全国总决赛。

1.　分赛区奖项

一等奖：分赛区参赛队伍前 20% 的队伍。

二等奖：分赛区参赛队伍的 35%。

三等奖：正常完成比赛但未获得一等奖、二等奖的队伍。

优秀奖：未正常完成比赛，但通过补赛完成比赛的队伍。

在正常竞速比赛奖项之外，竞赛还将设置 RT-Thread 专项创新奖项，用于鼓励参赛同学使用 RT-Thread 工具完成车模作品的制作。各分赛区可以根据比赛需要修改和设置不同的奖项，并报大赛组委会审批。

2.　全国总决赛奖项

全国总决赛奖项设置将在每年 6 月中旬另行发布。

3.3.4　报名与组队

1.　组队要求

暑期之前在校具有正式学籍的全日制本科、专科学生均可参加比赛，对于大四的学生，即使在暑期已经毕业也允许参赛。每支参赛队由本校 3 名学生（智能视觉组、双车电能接力组、完全模型组允许有 5 名学生）组成，本校带队老师 1 ～ 2 名。每名学生只能参加一个组别的竞速赛。

2. 报名方法

参赛队通过竞赛网站报名，详细报名流程参见《全国大学生智能汽车竞赛参赛队伍网络报名流程说明》。参赛队伍可以按照大赛网站上公布的信息联系购买车模套件、单片机开发工具和辅助教材。

3.3.5　比赛培训

竞赛组委会将会在暑期比赛之前在竞赛网站发布相关技术培训、技术交流等通知。

3.4　大 赛 指 南

参加过往届比赛的队员可以通过下面的内容了解这一届竞赛规则的主要变化。如果第一次参加比赛，建议对本文进行全文阅读。

竞速赛共分为十个组别，每个组别在比赛环境、比赛任务、单片机平台、车模等方面有不同的要求。今年首次引入了独轮车模。

比赛场地共有三种场地类型：室内赛道场地、室外操场跑道场地、无赛道场地。室内场地仍然使用 PVC 材料制作，但不再允许增加路肩，比赛组别包括电磁、摄像头、接力、独轮车、完全模型组。操场跑道则使用标准田径操场直线跑道中的 50 米至 100 米范围的跑道，比赛组别包括极速越野组和单车越野组；无赛道场地则是在平整地面铺设的蓝色背景布上完成声音信标和智能视觉组的比赛。

室内赛道场地元素去除了三岔路口，重新引入了断路口、横断路障等元素；操场跑道场地赛道元素引入了坡道、锥桶 S 弯道和圆环赛道；声音信标组允许综合使用声音、电磁、北斗 -GPS 等进行定位。

关于车载传感器，除了 NXP 摄像头模块、北斗 -GPS 模块、UWB 模块之外，禁止使用任何附加有其他 MCU 的传感器成品模块。如果自制带有 MCU 的电路模块，则需要使用所在组别指定的 MCU 系列。鼓励使用 CAN 总线连接车模作品中的各个电路模块。

重点提示：必须在电路板正面敷铜面放置队伍信息，包括学校名称、队伍名称、制作日期。

电磁专科组是只允许专科学校学生报名的组别。

由于智能视觉组、完全模型组的比赛要求相对复杂，因此这两个组别的比赛细则将通过各自的比赛细则补充文档另行说明。

独轮车组别在比赛成绩中将会包括有 LED 灯板外观设计评分。

对于车载电池不再有任何限制。车模作品上只允许有一个电池组。

3.5　案例简介

智能汽车竞赛采用标准的模型车（图 3-2），初期车模是一种标准四轮车模，根据传感器及重心可以对其实现结构改造，但有严格限制。要求车模改装后的尺寸不能超过长400mm、宽 250mm、高 400mm，且要求在比赛过程中不能发生长度的改变。不同类别的智能汽车车模随着竞赛的不断推进也由原来的单电机车模逐渐推出双电机差动驱动车模、电磁专用车模、直立车模等不同的类别。模型车机械结构调整主要根据传感器安装位置及重心变化来决定，同时也包括车体本身运行部分的调整。

图 3-2　模型车

3.5.1　四轮车机械结构调整

对于四轮车而言，车体运行主要靠驱动轮，这部分调整主要集中在前轮转向机构部分，主要包括前轮倾角和主销倾角。前轮倾角可分为前束倾角和前轮倾角，主销倾角可分为主销后倾角和主销内倾角。

1.　主销倾角

模型车底盘采用等长双横臂式独立悬架，当车轮上下跳动时，车轮平面没有倾斜，但轮距会发生较大变化，故车轮发生侧向滑移的可能性较大。车模转向机构部分调整主要有 6 处。其中主销内倾角对车运行性能影响不大，可设为底直方向，主销后倾角可通过改变转向支架与底盘连结处垫片的数量来调整，若欲使之转向灵活，则主销后倾角设置较小；若欲增大回正力矩，则后倾角设计较大角度，如图3-3所示。

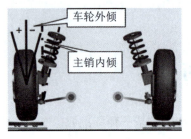

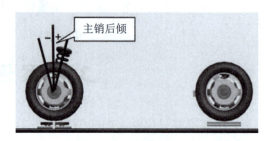

（a）主销内倾　　　　　　　　　　　　（b）主销后倾

图3-3　主销倾角

2. 前轮倾角

车轮前束的作用是减轻或消除因前轮外倾角所造成的不良后果，二者相互协调，保证前轮在汽车行驶中滚动而无滑动，如图3-4所示。前轮是由舵机带动左右横拉杆来实现转向的，主销在垂直方向的位置确定后，改变左右横拉杆的长度即可改变前轮前束的大小。前轮外倾角可通过前轮支架顶部的调节连杆来调整，外倾角与模型车的侧滑关系较大，需要与前轮前束匹配调整。正前束有比较好的直线稳定性，负前束转向比较灵活，但直线稳定性差。正前轮外倾角能增大转向灵活性，但轮胎与地面接触面积较小；负前轮外倾角作用正好相反。

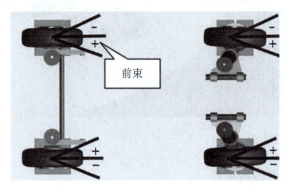

图3-4　前轮前束

3. 重心调整

重心对智能汽车的影响主要表现在转向、动力和稳定性三个方面，重心过高，智能汽车高速运行中容易侧翻；重心靠前，转向轮能获得较大摩擦力，智能汽车容易发生后轴侧滑，而且会增大舵机的转向力矩；重心后移，前轮摩擦力减小，转向性能变差；由于速度由驱动力、摩擦力和阻力共同决定，因此重心位置必须保证驱动轮能够提供足够的附着力，单从这方面考虑，重心应尽可能靠近驱动轴。从上面的分析结果可以看出，重心位置的作用结果会影响转向、动力等，需要根据具体的摩擦、速度、转弯半径等参数综合考虑。

3.5.2　直立机械调整

不同于四轮车，直立车采用双轮驱动的直立方式行走。直立车的稳定性较四轮车差很多，因此刚性、重心、倾角等机械参数对车的影响更大。

1. 刚性

在直立车的建模分析过程中，一直将车体作为刚体分析。对于 D 型车模而言，底盘连接处具有活动性，需要使用硬质板材加固，确保其刚性。

2. 重心

直立车的重心高低在很大程度上决定了车的稳定性，重心高的车容易跌倒，重心低的车稳定、抗干扰能力强。车的重心主要取决于电池、电路板、传感器的位置和架设方式。

3. 倾角

在完成车体的机械搭建之后，会有一个平衡点，这个平衡点即车体的倾角。一般而言，重心低的车倾角会大，需要防止出现倾角过大而剐蹭赛道的现象。加速度计和陀螺仪最好能与水平面垂直，这样能保持灵敏度在最大的范围。

智能汽车在不同赛道上的摩擦力与转弯半径、车体速度等都有关系，机械结构的调整也因车而异。调整过程主要根据前述各可调机构与其作用结果并结合车模运行状态不断尝试，得到最佳工作性能。

3.5.3　智能汽车的硬件组成

智能汽车的硬件架构主要分为电源管理部分、信号输入部分、动力输出部分、中央控制部分和人机接口部分。智能汽车硬件系统组成框图如图 3-5 所示。

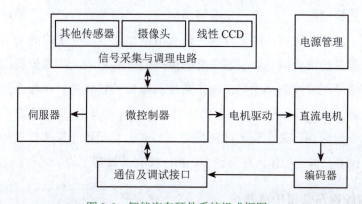

图 3-5　智能汽车硬件系统组成框图

电源管理部分是智能汽车系统稳定运行的基石，它在完成直流电压转换的同时还要为电机和伺服器提供足够的输出功率。信号输入部分是智能汽车的"眼睛",包含信号采集和调试电路。根据智能汽车组别的不同,该部分使用不同的传感器。摄像头组主要使用 CMOS 或 CCD 摄像头,电磁组主要使用谐振电感线圈,光电组使用线性 CCD 传感器或光电对管。如果车模要对电机转速进行闭环控制,则需要使用编码器测量电机转速,对于直立运行的组别还需要使用加速度计和陀螺仪。

动力输出部分是智能汽车的"腿",包括直流电机驱动电路和伺服器驱动电路。对于直立运行的组别,智能汽车的转向通过调整左右两个电机的转速来实现,因此不需要伺服器;其他四轮运行的组别,尤其是只有一个驱动电机的智能汽车,需要使用伺服器控制转向轮的方向,进而控制智能汽车的运行方向。

中央控制部分是智能汽车的"大脑"。根据竞赛规则的要求,可以使用 8 位、16 位、32 位的微控制器或数字信号处理器(DSP)。中央控制部分是智能汽车最核心的部分,也是体现智能汽车"智能"的部分,智能汽车在该部分的控制下按照指定的线路运行。人机接口部分,顾名思义,就是智能汽车与人交流的通道,通常包括开关、按键、显示模块、通信模块、调试接口等。这部分的功能一是在赛场上快速调整智能汽车的参数和运行模式,二是为参赛队员的平时调试提供方便。

3.5.4 智能汽车的软件实现

智能汽车的软件实现可以分为底层驱动程序、信号采集与滤波算法、转向与速度控制算法等。底层驱动程序是实现软件和硬件连接的桥梁,该部分程序通过对微控制器相关寄存器的适当操作来在微控制器的特定端口产生特定波形的信号,并通过硬件电路实现控制功能。本书的后续章节中分别给出了基于 MK60 和 MC9S12XS 两种微控制器的底层驱动程序。信号采集与滤波算法是对传感器采集到的数据进行初步分析和处理的程序。根据不同的组别,这部分程序要完成相应传感器数据的采集,尽量消除信号中包含的干扰噪声信号,并根据采集到的信息提取赛道信息,进而得到智能汽车相对于赛道的位置信息。对于直立运行的组别,这部分程序需要根据加速度与陀螺仪的采集值解算出车身的姿态信息。车身的位置信息和姿态信息的准确度直接影响上层决策算法的效果。转向与速度控制算法是用来控制伺服器的输出角度和电机的转速的。在智能汽车系统中,通常使用闭环控制方法,即智能汽车的"方向环"与"速度环"。对于直立车而言,控制算法与四轮车有一定区别,最主要的区别是直立车加上了倾角计算和直立控制闭环。闭环控制的方法有很多,但在智能汽车系统中,PID 控制是最常用的闭环控制方法。

3.5.5 智能汽车常用传感器

传感器是将外界其他信号转变为电信号的电子元件。国家标准 GB 7665—87 对传感器的定义是：能感受规定的被测量件并按照一定的规律（数学函数法则）转换成可用信号的器件或装置，通常由敏感元件和转换元件组成。一般来说，常见的智能汽车上的传感器有电压输出、脉冲输出、数字总线输出等几种形式，具体为转速传感器、光电传感器、线性 CCD、摄像头、电磁传感器、电轨传感器、超声波传感器、磁场传感器等。

1. 转速传感器

顾名思义，转速传感器是将旋转物体的转速转换为电信号输出的一种传感器，这类传感器属于间接测量装置，可用机、电、磁、光等多种原理制造。按照信号输出方式的不同，可以将转速传感器分为数字式和模拟式，一般来说，数字式输出的信号频率和转速成正比，模拟式输出的电压信号和转速成正比。不同型号类型的转速传感器具体应用方法参照其技术手册。对智能汽车比赛来说，常用的转速传感器有对管码盘和编码器两种，一般来说前者比较廉价，但是容易受到外部光线和灰尘的影响，会对测量的精度有干扰。编码器从原理上说与对管码盘的组合没有什么不同，但相对稳定，并且在编码器内部测量精度较高。对管和增量式编码器一般是数字脉冲输出，其 A 相和 B 相能够分别输出矩阵波脉冲，这两路信号之间相位差 90°，恩智浦 K60 系列单片机内部集成了正交解码模块，可以将编码器输出的两路信号 PHA 和 PHB 接入 FTM 正交解码接口。其基本原理是：当两路信号其中的一路发生跳变时，另外一路为高电平，则计数器递增，反之则递减，通过配合计时器可以计算出智能汽车电机当前的实际转速。

2. 光电传感器

利用光电传感器检测路面信息的原理是：由发射管发射一定波长的红外线，经过地面反射到接收管，由于光线在黑色路面和白色路面上反射系数不同，在黑色路面上大部分光线被吸收，而白色路面可以反射回大部分光线，所以接收到的反射光强是不一样的，如图 3-6 所示，而从外部观测可以近似认为接收管两端输出电阻不同，进而经分压后的电压就不一样，就可以将黑白路面区分开来。激光传感器与普通的光电传感器原理一样，但是其检测距离远大于普通的光电传感器。

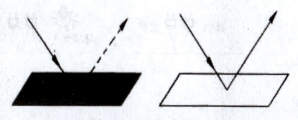

图 3-6　光电传感器原理

选用 24 个上排激光，激光光斑呈倒八分布，分别检测赛道的两侧边沿；呈一字排布的 8 个下排激光用于辅助检测。激光传感器由发射和接收两部分构成。发射部分由单片机控制，经三极管放大，驱动激光管发光；接收部分是传统的数字接收管方案，由一个相匹配的 180kHz 的集成数字接收管接收返回的光强，经过电容滤波后直接接入 S12 单片机的 PA 口和 AD 口（PA 口和 AD 口下 16 位的数据口挑选组成一个 8 位的数据口，用于检测下排 8 路传感器信号），检测返回的电平，如图 3-7 所示。传统的光电检测方案检测的是进入光敏元件光强的绝对值，相当于光强的直流分量。这样，在激光光斑距光敏元件较远时，激光照到黑色区域和白色区域所带来的光强变化占总光强的比例将大幅降低，远远小于环境光强因为灯光角度、交流频闪等所引起的变化。所以，为了排除外界环境光所带来的干扰，激光传感器必须使用调制的工作方式。调制，就是按照一定的频率，使激光二极管间断地发光。这样，探测用的激光光斑就成了带有高频交流分量的调制光了。而对应的接收管只要在 A 时刻采样环境光强，B 时刻采样环境光强与激光影响光强之和，再将二者作差，就能排除外界环境光强变化所带来的干扰。总而言之，发射的是高频交流信号，检测的也是高频交流信号，就能排除外界环境光强所带来的直流信号和低频交流信号的影响。同时，为了简化激光传感器的控制、减少激光传感器相互之间的干扰，传感器的控制采用分时发光的策略。同一时刻仅有一个发射管工作。可以使用 74HC138 作为分时控制器，同一时间控制一路传感器发光，这样接收管就接收不到相邻传感器发射的激光了，因而达到了防止传感器相互之间干扰的目的。

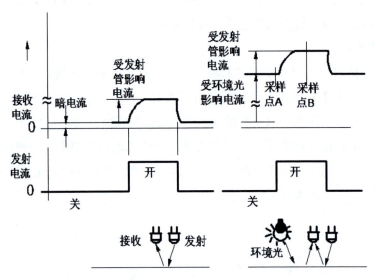

图 3-7　光电传感器的发射与接收

3. 摄像头

CCD 摄像头的成像优点在于成像质量好，相同感光面积时灵敏度高，大部分面阵 CCD 采用单一放大器，可以保持数据完整性，噪声小、噪点少。当然也具有成本高、外围电路复杂、反应速度慢等不足。CMOS 摄像头是利用硅和锗这两种元素所制成的半导体，通过 CMOS 上带负电和带正电的晶体管来实现基本功能。这两个互补效应所产生的电流即可被处理芯片记录和解读成影像。相比 CCD 摄像头具有集成度高、体积小、功耗低、帧速高、读取速度快、制作工艺简单、价格低等优点。线性 CCD 摄像头模块一般采用 M12 板机镜头，这种镜头重量较轻，成像质量相对较好。一般来说，镜头的焦距越短，视角越大。在选购时还需要注意镜头的靶面尺寸，需要大于等于感光芯片的感光尺寸才能取得较好的效果，否则会出现暗角和黑边。线性 CCD 摄像头要求镜头超过 1/2.5 英寸的靶面尺寸，摄像头芯片视型号不同有 1/3 英寸和 1/4 英寸靶面尺寸的区别。一般来说，摄像头的读取流程是首先等待场中断信号，然后等待行中断信号，再开始读取数据。大部分模拟摄像头只有一根视频信号线。其中除了包含图像信号外，还包括行同步信号、行消隐信号、场同步信号、场消隐信号、槽脉冲信号、前均衡脉冲、后均衡脉冲等。因此，若要对视频信号进行采集，就必须通过视频同步分离电路准确地把握各种信号间的逻辑关系。例如，可以使用 LM1881 芯片对视频信号进行视频同步分离，得到行同步信号、场同步信号。由于模拟摄像头输出信号为 PAL 制式模拟信号，所以必须经过相应的图像处理模块进行相应转换之后才能由单片机进行处理。通过对 PAL 信号进行硬件二值化可以降低单片机的计算负荷。通过调节阈值而将灰度图像转换成黑白图像，这样不需要使用单片机的 ADC 就可以采集图像了。其最明显的优点在于普通 I/O 的操作速度要比 ADC 快，使提高采集速度成为可能。数字摄像头一般有 8 ～ 12 根信号线，用于传输图像信号，数字摄像头还配有时钟信号线、行中断信号线、场中断信号线等。除此之外，为了配置摄像头参数，还有 SCCB 总线，SCCB 总线是 OmniVision 公司的串行摄像机控制总线，公司定义的 SCCB 是一个三线结构。但是一般为了缩减摄像头的封装，大多采用两线结构，从外观上看，与 IIC 类似，一般接 IIC 接口即可。

4. 电磁传感器

根据电磁学相关知识，我们知道在导线中通入变化的电流（如按正弦规律变化的电流），则导线周围会产生变化的磁场，且磁场与电流的变化规律具有一致性。如果在此磁场中放置一个电感，则该电感上会产生感应电动势，且该感应电动势的大小和通过线圈回路的磁通量的变化率成正比。由于在导线周围不同位置磁感应强度的大小和方向不同，所以不同位置上的电感产生的感应电动势也应该不同。据此可以确定电感的大致位置。

采用集成运放进行信号的放大处理，集成运放较三极管优势是准确、受温度影响很小、可靠性高，如图 3-8 和图 3-9 所示。集成运算放大电路可构成同相比例运算电路和反相比例运算电路，在实际中使用反相比例运算电路。由于运放使用单电源供电，因此在同相端加 $V_{CC}/2$（典型值）的基准电位，基准电位由两个阻值相等的电阻分压得到是不平衡的。距离导线较近的线圈中感应出的电动势大于距离导线较远的线圈。由此，可以引导小车重新回到导线上。由于磁感线的闭合性和方向性，通过两线圈的磁通量的变化方向具有一致性，即产生的感应电动势方向相同，所以由以上分析，比较两个线圈中产生的感应电动势大小即可判断小车相对于导线的位置，进而作出调整，引导小车大致循线行驶。采用双水平线圈检测方案，在边缘情况下，其单调性发生变化，这样就存在一个定位不清的区域（如图 3-10 中箭头所指）。同一个差值，会对应多个位置，不利于定位。另外，受单个线圈感应电动势的最大距离限制，两个线圈的检测广度很有限。

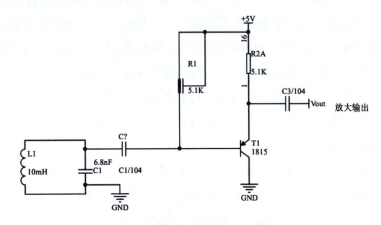

图 3-8　共射三极管放大电路

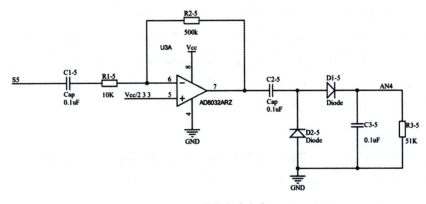

图 3-9　改进电路方案

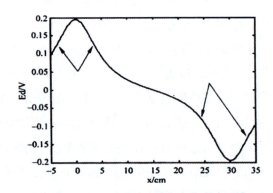

图 3-10　双线圈差值法有定位不清区域

3.5.6　智能汽车电机控制系统设计

智能汽车的机电部分是整个智能汽车系统中最重要的部分之一,涉及电动机、功率驱动器、机械传动和速度控制等几部分。设计过程中,除了电动机为指定型号、不可更改外,在满足竞赛规则的条件下,设计动力强劲的功率驱动器、快速准确的控制系统和优良的机械调校则是智能汽车竞速比赛成功的先决条件。其中,功率驱动器类似于人体肌肉,肌肉发达时,才能带动电动机为车模提供强劲、充足的动力,主要体现在加减速快、最大速度高等几个方面。该部分涉及电力电子与电力传动知识,目前主要通过功率开关器件组成电机功率驱动器,并采用 PWM 技术作为驱动信号进行调节控制,因此需要对 PWM 调制与电机驱动的运行状态进行一定的了解。由于功率驱动器使用功率开关管进行功率变换,因此其电路设计、相关器件的选型和实物制作属于本章重点介绍的内容之一。除了上述要素外,在电机工作过程中往往会产生一定的电磁干扰,严重时会对智能汽车中的输入信号产生干扰,甚至导致单片机复位,因此良好的电磁兼容也是设计中需要注意的。

智能汽车速度控制涉及自动控制理论,本章在介绍了 PWM 调制技术与智能汽车常用的测速方案后,将结合以上几点对由功率驱动器、电动机、速度与电流采样模块和 PID 控制系统构成的单闭环、双闭环控制策略与参数选取进行论述。电机转速控制可以看作一个线性控制系统,在对其性能评估时也须遵循自动控制原理的稳、快、准三个基本原则。其中,"稳"是指其速度输出值可以稳定跟随速度给定值,不随外界因素,如电池电量、赛道坡度等变化而产生较大偏差;"快"是指智能汽车输出速度能够快速调节至给定速度,或在系统输出因外部扰动而存在偏差时能够快速恢复;"准"则是指系统给定值与实际输出值稳态误差小,系统输出精度高。因此,只有设计出良好的功率驱动器和控制系统,智能汽车才能真正实现可控、可靠,并能进一步配合转向控制系统实现快速、准确过弯,以及在双轮自平衡车中实现稳定的自平衡、前行与转弯,这也是智能汽车制作过程中需要重点学习、完成的内容。

3.5.7　智能汽车机电传动

本节先对智能汽车的传动部分进行介绍。从功能角度看,智能汽车的传动部分主要为车模的行进提供动力和一些附加功能。例如,在双轮平衡车模中,其传动部分不仅可提供行进动力,而且由于两个车轮分别由两个电动机独立驱动,还实现了车模的转向和平衡功能。在驱动方式方面,如果按照实际汽车的前驱、后驱和四驱几种方式进行分类,智能汽车组委会所指定的各类车模均采用了后驱结构。与前驱结构相比,后驱结构使车模转向能力更强,更有利于高速过弯,更适合竞速型比赛。当然,后驱结构也存在一定的缺点，例如在相同条件下，后驱型的车辆较前驱型更容易出现车轮打滑的情况。

可以看到其传动部分主要由直流电动机、齿轮、车轮、车轴、差速器等几部分组成。各车模均采用高速直流电动机，电动机的同轴齿轮与车轴上的齿轮咬合，实现减速传动，从而提高车模行进的扭矩。除此之外，传动方式有皮带传动、钗链传动、直接传动等几种方式，虽然组委会明确指出参赛队不得改变车模的传动方式，但是有必要大致了解上述几种传动方式的优缺点。皮带传动和钗链传动可实现远距离传动，皮带传动噪声小，但可能出现打滑情况，且两者的传动效率有限；齿轮传动结构紧凑，可实现固定的传动比，但噪声较大，易出现齿轮磨损现象；直接传动也叫直驱，结构简单，无传动噪声和传动磨损，但对提供动力的装置提出了更高的要求。随着科技的发展，高力矩电机可完全胜任这一工作，例如一些采用直驱方式的新款洗衣机，其效率更高，产生的噪声也比传统皮带传动型洗衣机低很多，还避免了皮带的磨损与老化。

如果按照广义的电机传动系统定义划分，智能汽车的传动部分还应包括电机驱动、速度测量、电机控制系统等。上述各部分形成一套速度完全可控的电机传动系统，从而实现智能汽车车模在不同赛道类型中的自适应行驶。从目前赛况来看，智能汽车传动部分主要实现的功能包括直道高速行驶、弯道安全速度行驶，并具有通过坡道的爬坡能力和停止线静止停车功能。即在保证车模按照轨迹行驶的前提下速度优先，从而达到快速完赛的目的。由于需要使用组委会指定的车模、电机和电池，在对车模进行良好调校和对电池良好维护的前提下，车模的完赛速度主要取决于赛道轨迹识别、转向控制和速度控制的性能，因此以上三部分是智能汽车的设计重点，且速度控制是其他两个部分的前提和基础。由于电机与车轮之间采用齿轮传动，电机速度控制与车模速度保持固定比例关系，因此下面统称为电机速度控制。图 3-11 所示为智能汽车车模电机速度控制系统结构图，智能汽车的电机速度控制系统是一套数字控制系统，涉及多项软硬件设计，如驱动电路、速度测量和自动控制。

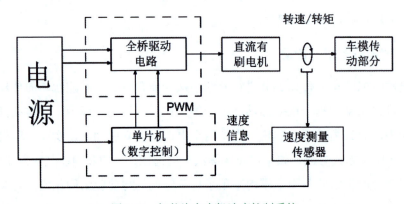

图 3-11　智能汽车电机速度控制系统

3.5.8　智能汽车基本巡线技术

本节主要介绍智能汽车巡线技术。以四轮车为例，结合路径识别算法和车体控制两部分对智能汽车大赛中所需要用到的基础知识进行粗略的概括，并总结为一套思路。人类发展史上，面向人类实际需求的工程技术往往在时间上超前于相应的理论探索，例如建筑电气的接地电阻计算，其相应理论仍未能完美自洽。又如力向量和功也是在工程实践中由工程师发现的。解决实际问题时，大多受直觉以及直接或间接的经验引导。另一方面，数学、科学也是解决实际问题时的有用的工具，这也是"现代工程学"所强调的，数学和科学是工程学的指导方向。智能汽车制作就是一个工程实践，也是锻炼自己成为工程师的途径。在工程实践中，我们应当注意三个方面：第一是永远基于实验数据，而且是可以反复验证的实验数据，也就是一种证据；第二是缜密的逻辑推理，神秘主义或许能使我们的心思获得安宁，但在工程方面，神秘主义解决不了客观存在的问题，在工程实践面前，情绪不是证据，感觉不是证据，主观观念也不是证据，要否定自己的情绪去面对强而有力的事实；第三是永远秉持质疑的态度，不断检查审视自己的观点。

3.6　案例分析

3.6.1　PCB 设计工具概述

Altium Designer 是设计 PCB 最常用的一款 EDA 工具，操作简便、功能强大。本节来学习软件的操作使用。一个完整的 PCB 工程必须包含有元件库、原理图和 PCB，它们之间的依赖关系如图 3-12 所示。

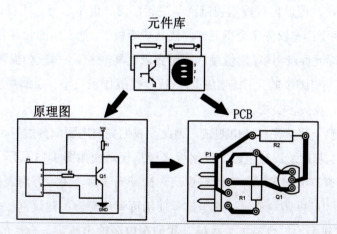

图 3-12　PCB 控制流程

元件库元器件是组成电路的基本元素，它包括原理图库和封装图库两部分，而且每个元件的原理图库和封装图库是一一对应的，元件的引脚也通过编号一一对应。常用的元件都包含在了软件自带的库中，用户需要的个别元件若不包含在内，需要自己设计并添加到元件库中。从元件库中选择需要使用的元件并添加到原理图中，然后将引脚按照设计连接，就完成了原理图的设计。

将原理图的设计导入到 PCB，工具会根据原理图中元件的连接关系在 PCB 中生成真正有电气意义的"电路"，将元件按照合理的布局调整摆放，在需要连接的引脚之间连接导线，最终需要的 PCB 也就设计完成了。

3.6.2 线路板打样与 BOM 整理

首先要了解厂家的生产工艺要求，看是否能生产自己设计的板子。相关资料可以去线路板厂家的网站上查找，或者亲自咨询厂家业务人员。工艺越好的厂家，价格越贵。大部分厂家能满足本章中示例的工艺要求。我们可以用电子邮箱等通信工具将相关资料发送给厂家并附上工艺要求，等待厂家人员答复。现在用得更多的是网站自助下单，更加方便快捷。下面以国内某线路板厂家的自助下单功能为例讲解网站自助下单的方法。打开该厂家的网站，找到生产工艺方面的资料，检查自己做的线路板是否有不符合工艺要求的地方。如果有，要么换一个厂家，要么自己改一下线路板。如果是首次使用自助下单功能，一般要注册一个账号。注册账号后，登录进入自助下单页面。

3.6.3 焊接与调试

经过几天的等待，快递员就会把线路板送到你的手中。首先检查一下线路板有无明显的质量缺陷，如果目测正常，就可以开始焊接了。根据之前做好的 BOM 表准备原材料并做好标记，避免出错。对于没有印字的多层陶瓷电容，要测量一下容值是否正确。

关于焊接操作，可以自行搜索视频资料进行学习，但千言万语不抵请人手把手传授一遍。如果是新手，则建议先学会拆元件。找几块废板子，把上面的元件完好无损地拆掉，实际上拆元件比焊元件难得多，对温度和手感要求更高，稍有不慎就会损坏元件或线路板。然后，从大体积、引脚少的元件开始练习，逐步挑战体积更小、引脚更密的元件。尽量做到准确、可靠、高效、美观。

不推荐一股脑全焊接完就通电测试。因此，我们先将电源部分做好，包括输入端子、电源开关 XS5171 芯片及周边电路。线路板光板呈现画面如图 3-13 所示。焊完后记得检查一下，重点检查有方向的元件有没有焊反。检查无误后，先用万用表检测一下正负极是否短路，然后才可以通电测试。这里推荐使用可调电源，不建议直接使用电池，因为电池可能没有过载保护，容易扩大故障。我们在电源输出端接入合适的电阻作为负载，测量输出电压等参数是否满足要求。电源部分调试完成后，继续把其他部分焊接完成，开窗的大电流走线要涂上一定厚度的焊锡。图 3-14 所示为最终完成的线路板照片。

图 3-13　线路板光板　　　　　　　　　图 3-14　最终焊接完成的线路板

接下来进行驱动电路的测试。我们使用信号发生器或单片机的 PWM 功能输入一定频率、占空比的电平信号，使用电机或大功率电阻作为负载。用示波器对比观察输入波形、栅极驱动波形和输出波形是否正常（测量上半桥管子时注意示波器探头的共地问题），随时测量场效应管的发热情况。

至此，本例介绍完毕。通过一个简单的实例并不能完全学会一款设计软件的使用，还有更多的功能需要去学习，希望本例能起到抛砖引玉的作用。大家可以继续尝试绘制传感器线路板、最小系统线路板、多层板、高速板等。软件只是手中的工具，最重要的还是大脑中的知识和经验。

显然，本实例中的电路设计和布局布线方面可以改进的地方还有很多。例如，在信号端口加入缓冲芯片，用于保护单片机；功率回路加入大电容，用于稳定电池电压，提供瞬时能量；增加散热措施，避免管子过热损坏；改进栅极驱动电路，用于提高驱动效果；使用体积更小的元件，增加布线密度，缩小线路板面积，减轻重量，方便安装。也可以发挥想象扩展其他更丰富的功能。

第4章
中国大学生计算机设计大赛

本章导读

本章详细介绍中国大学生计算机设计大赛的性质、参赛要求、比赛安排、参赛指南，并通过一个具体案例引导学生按照比赛要求完成比赛作品。

本章要点

- 参赛流程
- 机械臂抓取
- 机器人建图
- ROS 基础知识
- SLAM 基础知识

4.1　大　赛　简　介

中国大学生计算机设计大赛（Chinese Collegiate Computing Competition，简称"大赛"或 4C）是我国高校面向本科生最早的赛事之一，自 2008 年开赛至 2019 年，一直由教育部高校与计算机相关教指委等独立或联合主办。大赛的目的是以赛促学、以赛促教、以赛促创，为国家培养德智体美劳全面发展的创新型、复合型、应用型人才服务。

大赛目前是全国普通高校大学生竞赛排行榜榜单内赛事，每年举办一次。大赛以三级竞赛形式开展：校级赛——省级赛——国家级赛（简称"国赛"），国赛只接受省级赛（含省赛和跨省区域赛）上推的参赛作品。校级赛、省级赛可自行、独立组织，国赛接受上推作品时间为当年 5 月份，国赛决赛时间在当年 7 月中旬至 8 月下旬。大赛国赛的参赛对象是中国高校当年在籍（含当年毕业）的本科生（含港、澳、台学生及留学生），参赛作品的指导教师是在高校担任本科生教学任务的教师。

4.1.1　大赛前提

"三安全"是中国大学生计算机设计大赛的前提，包括政治安全、经济安全和人身安全。

政治安全，是指大赛竞赛的内容和竞赛管理，要符合现行的宪法、法律和法规。

经济安全，是指所有往来的经费委托承办院校处理，财务必须符合国家的相关制度。

人身安全，是指现场决赛期间，务必保证参与者的人身安全。参与者包括参赛选手、指导教师、竞赛评委，以及与大赛相关的志愿者等其他人员。

4.1.2　大赛目标

"三服务"是中国大学生计算机设计大赛的办赛目标和发展愿景，具体包括：

（1）为就业能力提升服务，即为满足学生就业（含深造）的需要服务。

（2）为专业能力提升服务，即为满足学生本身专业相关课程实践的需要服务。

（3）为创新创业能力提升服务，即为把学生培养成德智体美劳全面发展、具有团队合作意识和创新创业精神的人才需要服务。

大赛是大学计算机基础课程理论教学实践活动的组成部分，是本科阶段计算机技术应用"第一课堂"理论学习之后进行实践的一种形式，是大学生学习的"第二课堂"。大赛旨在激发学生学习计算机知识和技能的兴趣与潜能，提高学生运用信息技术解决实际问题的综合能力。通过大赛这种计算机教学实践形式，可展示师生的教与学成果，最终以赛促学，以赛促教，以赛促创。

4.1.3   大赛性质

中国大学生计算机设计大赛是非营利的、公益性的、科技型的群众活动。大赛的生命线与遵从的原则是"三公"，即公开、公平、公正。公平、公正是灵魂和基础，公开是公平、公正的保障。

中国大学生计算机设计大赛设有章程，操作规范、透明。自 2009 年开始，每年均正式出版参赛指南（内容包括大赛通知、大赛章程、大赛组委会、大赛内容与分类、国赛承办单位与管理、参赛要求、奖项设置、违规作品处理、作品评比与评比委员规范、特色作品研讨、获奖作品选登等）。这种利于社会监督、检验赛事的做法是目前全国 200 多个面向大学生的竞赛所仅有的。

4.1.4   大赛历史

中国大学生计算机设计大赛始筹于 2007 年，首届于 2008 年，已经举办了 15 届 74 场赛事。

第一届由教育部高等学校文科计算机基础教指委独立发起主办；从第三届开始，理工类计算机教指委参与主办；从第五届开始，计算机类专业教指委也参与主办；从第 13 届开始，根据教育部高教司的相关通知，大赛由以北京语言大学为法人单位的，由北京语言大学、中国人民大学、华东师范大学、东南大学、厦门大学、山东大学、东北大学等高校，以及清华大学、北京大学等高校的教师组成的中国大学生计算机设计大赛组织委员会主办。大赛组委会的相应机构由相关高校、相关部门、承办单位相关人员等组成。

此外，2011—2016 年中国教育电视台参与了主办；2017 年，中国高教学会参与了主办；2018 年，中国青少年新媒体协会参与了主办。

自 2019 年开始，大赛是全国普通高校大学生竞赛排行榜榜单内赛事。大赛每年举办一次。国赛决赛时间是当年 7 月中旬至 8 月下旬。

4.2   参赛要求

中国大学生计算机设计大赛始筹于 2007 年，首届于 2008 年，已经举办了 15 届 74 场赛事。2019 年以来，大赛是全国普通高校大学生竞赛排行榜榜单内赛事。大赛国赛的参赛对象，是中国境内高等院校中所有专业的当年在籍本科生（含港、澳、台学生及留学生）。大赛旨在激发学生学习计算机知识和技能的兴趣与潜能，提高学生运用信息技术解决实际问题的综合能力，以赛促学，以赛促教，以赛促创。参赛作品的指导教师应在高校担任中国本科生或来华留学生教学任务的教师。

大赛以三级竞赛形式开展：校级赛——省级赛——国家级赛（简称"国赛"）。国赛只接受省级赛上推的本科生的参赛作品。校级赛、省级赛可自行、独立组织。参赛院校应安排有关职能部门负责参赛作品的组织、纪律监督、内容审核等工作，保证本校竞赛的规范性和公正性，并由该学校相关部门签发参加大赛报名的文件。

2023 年（第 16 届）中国大学生计算机设计大赛的参赛基本要求如下：

（1）所有类的每一件参赛作品，必须是参赛者在本届大赛期间（2022.7.1—2023.6.30）完成的原创作品；与 2022.7.1 之前校外展出或获奖的作品雷同的作者的前期作品，不得重复参赛。

（2）参赛作品不得在本大赛的 11 个大类间一稿多投。

（3）参赛作品的版权必须属于参赛作者，不得侵权；凡已经转让知识产权或不具有独立知识产权的作品，均不得参加本赛事。

（4）参赛作品中如果包含地图，在涉及国家当代疆域时，应注明地图来源（如中华人民共和国自然资源部网站），并且注明审图号，否则属于违规，取消参赛资格。

（5）无论何时，参赛作品一经发现涉嫌重复参赛、剽窃、抄袭、一稿多投、提供虚假材料等违规行为，即刻取消参赛资格及所获奖项（如有），参赛作者自负一切法律责任。大赛官网上将公布违规作品的作品编号、作品名称、作者与指导教师姓名、相关人员所在学校校名，以及所在省级赛区名。

（6）每校参加省级赛（包括省赛和省级联赛）作品的数量与评审规则，由各省级赛区组委会自行规定。省级赛的某个或某些企业赛题、计算机音乐创作类的参赛作品的评审，经协商也可由本省所在地区的省级联赛的大区负责点组委会进行评审。省级联赛的大区负责点原则上按 6 个大区设置，其中华北地区由北京市赛组委会负责（北京），东北地区由吉林省赛组委会负责（吉林），华东地区由江苏省赛组委会负责（南京），中南地区待定，西南地区（西藏除外）由四川省赛组委会负责（成都），西北地区与西藏由省级西北赛区组委会负责（西安）；计算机音乐创作类参赛作品的省级联赛大区评审，还可由杭州决赛区的浙江音乐学院负责。

（7）各个省级赛区组委会可将不超过上推限额的、按作品小类排名在省级赛前 30% 的优秀作品，上推入围国赛。各个省级组委会的上推限额，与该省级赛区本届入围国赛参赛院校的数量、上一届的国赛参赛（如获奖情况、违规情况）等情况有关。

（8）各个省级赛区需按优秀作品的排名先后，依次上推入围国赛；最终可参与国赛现场决赛的参赛队，将根据疫情防控政策的要求和承办单位的承办能力，依据省级赛上推排名顺序决定。

（9）在通过省级赛获得入围国赛资格后，还应通过国赛竞赛平台完成信息填报和核查工作，截止日期均为 2023 年 5 月 30 日，逾期视为自动放弃参赛资格；在获得国赛参赛资格后，其作者与指导教师的姓名和排序，不得变更。

（10）院校可以跨省、跨地区参赛，但每一所院校只能通过一个渠道的省级赛区获得入围国赛的资格。

（11）各院校的二级学院（跨省的除外）不得以独立院校的身份参加国赛。跨省的二级学院可通过二级学院所在省级赛组委会向国赛组委会申请，经国赛组委会审核同意后可在二级学院所在省级赛独立参赛。不跨省的所有二级学院，一律按一所院校参赛。

（12）参赛学生、指导教师和领队，应尊重大赛组委会，尊重专家和评委，尊重承办单位和其他选手；遵守大赛纪律，竞赛期间不私下接触专家、评委、仲裁员、其他参赛单位和选手，不说情、不请托，不公开发表或传播对大赛产生不利影响的言论，违规者取消参赛资格；同时，对于涉嫌泄密、违规参赛等事宜，应积极接受、协助、配合相关部门的监督检查，并履行举证义务。

4.3 大赛安排

由于大赛《通知》限制了每一院校在参加国赛时的作品数量（每一小类，如大数据主题赛，作品数应不多于两件；每一大类，如大数据应用大类，作品数应不多于三件），原则上，院校内部应进行校级选拔，校级选拔同样由院校自行、独立组织。大赛从校赛、省级赛到国赛的晋级逻辑为"上推制"：先由校赛初评并将优秀作品上推省级赛，然后各省级组委会复评并将有效参赛作品30%以内的优秀作品，在"限额*"数量内上推至国赛。特别地，省级赛一等奖作品数一般不高于有效作品数的10%，二等奖不高于20%，三等奖占比为30%～40%。换言之，并不是所有省级赛的获奖作品均能获得省级上推名额。综上，学生应满足：①通过校级初赛并被上推入围省级赛；②通过省级复赛并获得上推入围国赛资格。只有满足以上两个条件，才能够获得国赛的参赛资格。国赛只接受省级赛上推的参赛作品。

4.3.1 省赛阶段

选手在登录平台上进行作品开发并生成作品链接，请注意在平台上生成的作品链接会锁定提交时的版本状态。

按校赛或省赛规定的报名要求、时间和提交方式提交作品链接，由校赛或省赛负责竞赛的组织和评审。注意超过提交规定时间后生成的作品链接无效。

各区域校赛/省赛具体时间请询问所在地区校赛/省赛负责老师，本平台仅提供生成作品链接。

4.3.2　国赛阶段

决赛于 2023 年 7 月 17 日至 21 日进行，以国赛公告为准。

决赛形式：答辩。

4.3.3　作品评审

作品评审参考大数据主题赛评审标准，主要从作品创意、分析深度、技术实现和报告展示四个方面进行评价。另外，注意作品必须使用平台进行开发和提交，并用到给定的数据集。

4.3.4　竞赛规则

参赛队伍提交作品需遵循中国大学生计算机设计大赛作品的规范要求，如规范中未说明的，需遵循《竞赛规则》，查看一般竞赛规则。

一般竞赛规则与赛事主页信息相冲突的，以赛事主页信息为准。

4.3.5　比赛赛区

大赛国赛共组合为 6 个决赛区，其竞赛作品类别、举办地点、承办单位、时间如下：

（1）大数据应用 / 国际生"学汉语，写汉字"；上海；东华大学 / 华东师范大学；7.17—7.21。

（2）软件应用与开发；济南；山东大学 / 山东工商学院 / 北京语言大学；7.22—7.26。

（3）微课与教学辅助 / 数媒静态设计；沈阳；东北大学 / 中国人民大学；7.27—7.31。

（4）人工智能应用；扬州；扬州大学 / 江苏省计算机学会 / 东南大学；8.8—8.12。

（5）物联网应用 / 数媒动漫与短片；厦门；厦门大学；8.13—8.17。

（6）信息可视化设计 / 数媒游戏与交互设计 / 计算机音乐创作；杭州；浙江传媒学院 / 杭州电子科技大学 / 浙江音乐学院；8.18—8.22。

大赛将根据国家疫情防控相关规定，或线上答辩线上评审，或线上答辩线下评审，或线上答辩线下线上混合评审等。

4.4　大赛指南

中国大学生计算机设计大赛（以下简称"大赛"）是由中国教育部、中国计算机学会、中国电子学会等单位共同主办的全国性大学生科技竞赛。大赛旨在培养大学生的创新精神和实践能力，推动计算机科学与技术的发展，促进高校之间的学术交流与合作。作为一项 IT 界顶尖的技能竞赛，中国大学生计算机设计大赛涵盖了各个专业领域，包含移动互联网应用、软件开发、信息安全与加密、智能硬件设备等多个方向。

4.4.1 报名

1. 报名资格

大赛面向全国各高校在校本科生和研究生，每个团队由 1 ~ 3 名学生组成，需要有指导教师进行指导。

2. 报名时间

大赛通常在每年的 3 月份开始报名，截止时间为 5 月份。具体时间可以查看大赛官方网站或相关通知。

3. 报名方式

参赛团队需要在大赛官方网站上进行在线报名，填写相关信息并上传作品说明、设计方案、代码等资料。报名完成后，需要等待官方审核并确认参赛资格。

4. 队伍组成

每支团队由 2 ~ 3 名本科最高年级学生和一位指导教师组成，例如如果你是大三学生，那么你将不能和本校同年级的队友组队，但可以和大四或研究生同学组队。

4.4.2 参赛作品

1. 作品主题

大赛的作品主题通常与计算机科学和技术相关，包括但不限于软件开发、硬件设计、人工智能、机器人、网络安全等领域。参赛团队需要根据主题选择合适的作品方向，并进行深入研究和开发。

2. 作品要求

参赛作品需要具备以下要求：

（1）具有创新性和实用性，能够解决实际问题或提高生产效率。

（2）技术含量高，体现出参赛团队的技术水平和创新能力。

（3）完整的设计方案和详细的开发文档，包括需求分析、设计思路、技术实现、测试结果等。

（4）优秀的用户体验和界面设计，能够满足用户的需求和期望。

（5）代码规范、可读性强、注释清晰，易于维护和扩展。

实现流程如下：

（1）选题。参赛的项目题目自行确定，在确定选题之前，建议学生结合个人兴趣和实际需求进行深思熟虑，并寻找有关技术资料进行广泛阅读及咨询指导老师。

（2）方案。根据选题确定设计方案，包括硬件设计、软件设计、系统集成等。

（3）设计。完成项目的过程中，除了自己需要进行相应程序的编写外，还需要考虑项目的运行平台和适用场景。同时，在设计阶段需要注意产品技术实现的可靠性、安全性等重要因素。

（4）系统实现。参赛队伍需要按照设计方案进行系统实现，并进行系统测试和优化。

（5）撰写论文。参赛队伍需要按照比赛要求撰写论文，包括选题背景、设计思路、方案实现、结果分析等。

（6）演示答辩。入围的参赛队伍需要进行现场演示和答辩，向评委展示自己的设计成果。

（7）竞赛评估。评审委员会将根据项目的完成情况、技术创新的程度、商业化前景、演示效果等方面进行评分。其中，技术创新、实用价值、完备性、优化性是重要因素。

参赛者应认真阅读比赛规则和要求，根据比赛要求准备好相应的材料，保证作品的质量和创新性，同时积极与队友合作，共同完成比赛任务。

3. 作品提交

参赛团队需要在规定时间内将作品提交至大赛官方网站，包括作品说明、设计方案、代码等资料。作品提交后，参赛团队需要等待官方评审并进行答辩。

4.4.3　评审和答辩

1. 评审流程

大赛评审流程一般分为初赛和决赛两个阶段。初赛是通过对提交作品的审核和评分来筛选出优秀的作品，进入决赛。决赛是在现场进行的，参赛团队需要进行现场展示和答辩，评委根据作品的创新性、实用性、技术含量、用户体验等方面进行评分，最终评选出获奖团队。

2. 答辩技巧

参赛团队需要在答辩环节中展示出作品的优势和亮点，同时回答评委的问题和质疑。下面是一些答辩技巧。

（1）准备充分，熟悉作品的细节和技术实现。

（2）突出作品的创新性和实用性，强调其与其他作品的差异性。

（3）注重用户体验和界面设计，展示出作品的易用性和美观性。

（4）回答评委的问题时，要清晰明了、简洁明了，不要太过模糊或太过具体。

（5）在答辩过程中保持自信和沉着，不要紧张或慌乱。

4.4.4　总结

参加中国大学生计算机设计大赛是一项具有挑战性和收获的活动，可以提高参赛团队的技术水平和实践能力，同时也可以促进高校之间的学术交流与合作。参赛团队需要在作品设计和开发过程中注重创新和实用性，同时需要在答辩环节中展示出作品的优势和亮点，以获得更好的成绩和评价。

4.5　案例简介

4.5.1　挑战内容

目前物流分拣已成为当前物流过程中一个非常重要的环节，该赛项为模拟物流分拣的过程，旨在锻炼高校大学生的人工智能算法编程和系统集成能力，为高校的人工智能及机器人专业发展和人才培养提供更好的助力。本赛题利用物流分拣机器人编写建图与自主导航算法，一键启动机器人，机器人自主导航至邮件仓储、运用视觉算法识别邮件、机械臂抓取邮件、运送邮件并投入正确的邮箱等动作。

4.5.2　挑战规则

1. 机器人要求

（1）机器人整体尺寸（机器人未展开状态），机器人长 × 宽 × 高不超过 400×500×200mm。

（2）机器人必须通过普通直流电池（包括锂电池）进行电力驱动，以下燃料、驱动形式都是禁止的：化石燃料、热力驱动、燃料电池、核燃料、超过 100V 的内部电压驱动；机器人需要采用两轮差分驱动方式，轮子数量不多于 4 个，负载不高于 10kg，最大移动速度 1.2m/s，爬坡能力≥ 12°。

（3）机器人所携带的传感器，必须包含 1 个 360 度全方位扫描光雷达，不多于 1 个单目相机，不多于 2 个超声波传感器。

（4）机械臂轴数不超过 4 个，负载不高于 1kg，最大拉伸距离不超过 400mm。

（5）机器人必须完全自主运行，除了启动指令，不得通过任何方式接受人工遥控指令，机器人搭载的计算机不得与场外任何设备、服务器通信，不得接受任何人工指令。

（6）启动指令必须只能有一个，且只有一种状态，不得带有任何形式的状态选择。

（7）机器人在比赛场地周围，在比赛时间之外，不得在无人值守的情况下充电，不得在无人值守的情况下保持开启和待机状态，无人值守时机器人必须完全断电。

2. 竞赛场地说明

（1）比赛场地为 600×600cm 的正方形场地，中心 500×500cm 的机器人实际活动区域使用隔离板（高度不低于 15cm）隔离。比赛时，每次共两队同时竞赛，场地内部中心使用挡板（高度不低于 15cm）隔离两队的活动范围。每个队均有一个出发区、8 个标有不同省份名称的邮件放置箱（25×25×15cm）。

（2）场地左侧每队各有一个长宽高尺寸为 200×20×35cm 的物流双层仓储，用于放置邮件，邮件以 9.5×9.5×3cm 大小且贴有运单的纸盒代替。

（3）邮件纸盒侧面贴有带二维码（包含省份信息 JSON 字符串）的标签，每队各 20 个；邮件放置箱外侧表面贴有印刷字体文字（四川、安徽、湖南、广东、浙江、江苏、福建、河南），邮件放置箱摆放位置固定。其中，邮件二维码颜色分为黑色和红色，红色二维码邮件为 [失效邮件]，放置到 [失效邮件] 放置箱；黑色二维码邮件为正常邮件，放置到对应省份位置；邮件盒底部印有省份名称，与二维码信息的省份对应，方便裁判统计得分时比对。

（4）物流双层仓储为 250×20cm 的长方形，初始各放置邮件 20 个，分为上下两层，每层 10 个，异常邮件数量不超过 4 个，邮件地址随机。邮件下方留有凹槽，便于使用二指夹爪、货叉等工具对邮件进行拾取。

（5）参赛队必须考虑比赛现场出现的灯光不均匀、环境干扰等因素。

（6）地面一般为光滑平整的硬质材料，参赛队必须考虑比赛场地内可能存在不高于 1cm 的台阶或起伏，地面可能出现不宽于 1cm 的缝隙。

（7）比赛承办单位因客观条件限制，提供的正式比赛场地的颜色、材质、光照度等细节可能与规则规定的标准场地有少许差异。比赛队伍应认识到这一点，机器人需要对外界条件有一定的适应能力。

（8）场地装置固定后在对应位置做好标记，方便裁判恢复现场。原则上不能随意变更装置的摆放位置。

3. 测试规则

（1）每支队伍有自己独特的编号，按编号分配比赛场地（哪个场地哪个半区），单数上半区，双数下半区。

（2）每场两个队同组竞赛，比赛前，抽取决定对应场地上场队伍；若比赛队伍数量为单数，则轮空队伍单队入场比赛。

（3）每场比赛前，有 5 分钟的准备时间，参赛选手应在这个时间段准备好机器人的程序，做好开始比赛的相关准备。如双方都准备好了可举手示意，比赛提前开始。

（4）比赛时间为 10 分钟，每支队伍有两轮测试机会，两轮测试之间有 5 分钟准备时间，取最好成绩作为最终得分进行高低排名。

（5）比赛开始后，机器人一键启动，自主执行任务（如发现非救援情况下以任何方式操控机器人，则取消该队本场比赛得分）。

（6）如果某队出现非硬件故障或机器人运动卡死，选手可以示意申请救援，进行机器调试，同时比赛继续进行（救援时间包含在比赛时间内），调试完毕需将机器人放置在出发初始位置继续比赛。

（7）比赛时，如果某队机器人与场地发生碰撞导致场地被破坏，问题方选手须立即停止机器运行并带回出发区。裁判及时处理并恢复现场，不影响比赛的情况下可继续进行；裁判有权终止严重影响比赛正常进行的队伍的本轮比赛。

（8）比赛时，邮件运送过程中邮件必须放置在机器人托盘上，再运送到邮箱，然后机械臂将邮件再次抓取投放到对应的邮箱；禁止机械臂一直抓住邮件不放直接移动投放到邮箱，如果出现该情形，该次抓取投放邮件不得分。

（9）比赛时，邮件运送过程中每次最多只能运送两个邮件，如果违规，邮件摆回分拣台，且该队被罚回出发区重新出发，因违规行为产生的时间包含在比赛时间内。

（10）比赛开始后，除非发生外界比如照明停电、骚乱、火灾等不可预料的情况，比赛不会暂停，直到比赛时间结束。

（11）每队的邮件总数为 20 个，抓完不补充。如果出现双方都抓完 20 个邮件且分数相同的情况，则比较两队抓完 20 个邮件的总时间。

4. 比赛流程

（1）比赛开始前，各队应调试部署好各自的机器人，并将机器人放置在各自的出发初始区。

（2）裁判摆放邮件盒完毕后宣布开始，参赛队伍一键启动机器人执行任务。

（3）各队机器人开始执行预设好的任务，导航至邮件分拣台前，识别邮件，机械臂抓取邮件并放置在托盘上，再导航到邮箱，抓取托盘上的邮件，准确放置到对应的邮箱内。

（4）比赛时间到，比赛结束。

（5）裁判根据各队的结果统计最后得分和排名。

4.6 案例分析

4.6.1 机械臂抓取调试

单击右下角设置——单击机械臂操作——机械臂归零——Go Home 位——原地抓取——原地释放（最终效果是机械臂能够抓取到方块中心，并能释放到 LEO 十字架上）。

（1）功能菜单按钮。单击右下角的功能菜单按钮，如图 4-1 所示。

图 4-1　单击功能菜单按钮

（2）机械臂操作界面。机械臂操作界面如图 4-2 所示。

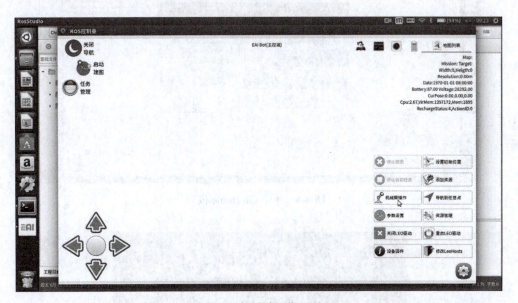

图 4-2　机械臂操作界面

（3）机械臂归零。如果机械臂归零过程中出现卡住现象，则重启 LEO 驱动（重启驱动后第一次单击归零会提示操作失败，再单击一次即可），再重新归零，如图 4-3 所示。单击 Go Home 位，避免机器人移动时撞到障碍物，如图 4-4 所示。

（4）原地抓取。在机器的气泵后方摆好"抓取盒"，放好二维码，如图 4-5 所示。

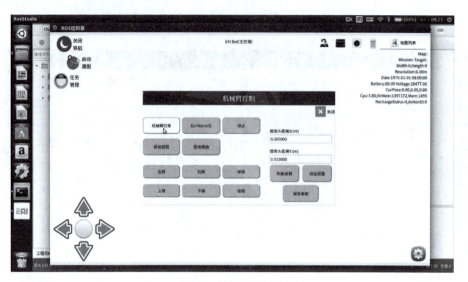

图 4-3　机械臂归零

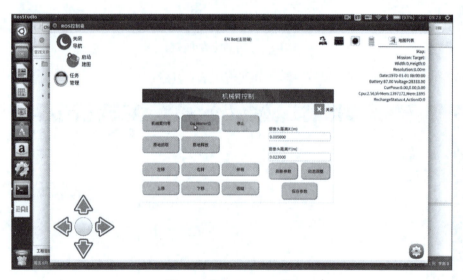

图 4-4　单击 Go Home 位

图 4-5　原地抓取效果

再单击原地抓取。

1）如果机械臂抓取过程中出现摄像头看见但是不抓的情况，则可能是二维码出现反光，在光照较弱的地方再尝试。

2）如果机械臂抓取过程中出现抓不到方块中心的情况，则修改界面中 x、y 的值，保存参数。

3）如果机械臂抓取过程中出现吸盘吸不住方块的情况，则修改 target_height，如图 4-6 所示（位置在 moveit_ws/src/moveit/visual_grab/config/default.yaml），修改完之后需要重启驱动。

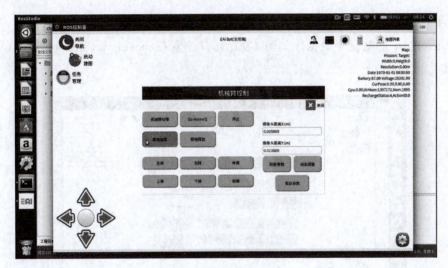

图 4-6　修改抓取参数

方块被抓取放置到暂存台上，如图 4-7 所示。

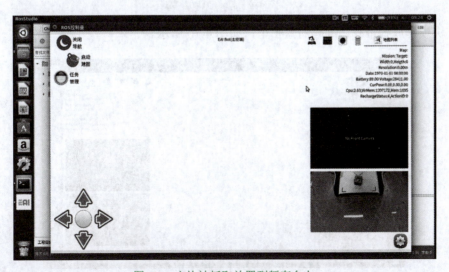

图 4-7　方块被抓取放置到暂存台上

（5）原地释放。在机器的气泵后方摆好"收集盒"，安装好二维码夹片，如图4-8所示。

图4-8　原地释放

再单击原地释放。如果机械臂释放过程中出现吸盘吸不住方块的情况，则修改 robotReleasePose 的第三个数据，如图4-9所示（位置在 moveit_ws/src/moveit/visual_grab/ config/default.yaml）。

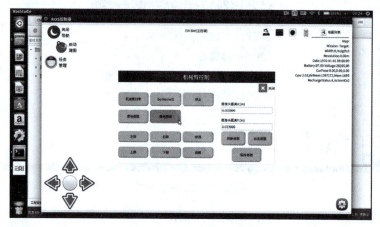

图4-9　修改抓取参数

方块被释放到带有二维码的盒子里，如图4-10所示。

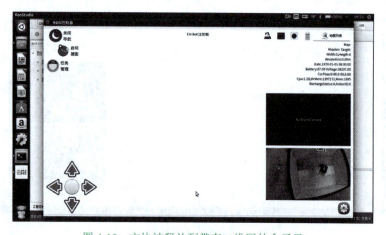

图4-10　方块被释放到带有二维码的盒子里

4.6.2　进行建图

单击左上角启动建图——单击左下角的前后左右控制小车走一个回环——单击右上方保存地图并命名。

（1）启动建图。单击左上角启动建图，如图 4-11 所示。

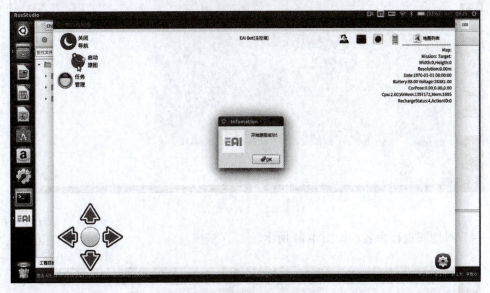

图 4-11　启动建图

（2）控制机器人移动。单击左下角的前后左右控制小车移动。如果不能控制机器人左右移动，则修改参数设置，给行走速度和转动速度一个初值，如 0.5，如图 4-12 所示。

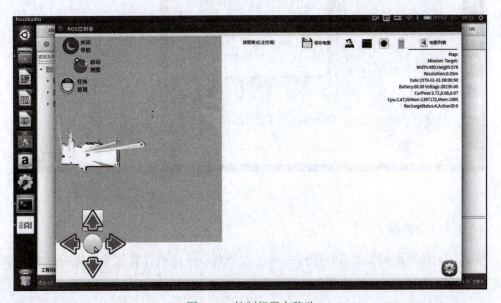

图 4-12　控制机器人移动

（3）保存地图。单击右上方保存地图，如图 4-13 所示。

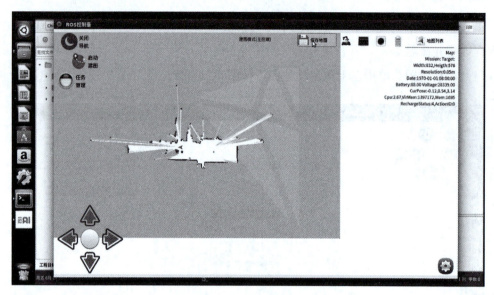

图 4-13　保存地图

（4）对地图进行命名，如图 4-14 所示。

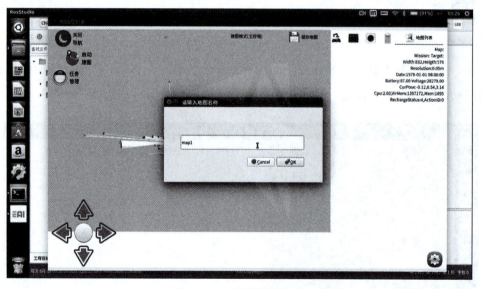

图 4-14　对地图进行命名

4.6.3　移动抓取

单击右上角地图列表加载地图——单击左下角——单击设置初始位置——单击添加资源——单击抓取点——单击获取当前位置——单击增加资源点并命名为 a。

单击设置初始位置——单击添加资源——单击释放点——单击获取当前位置——单击

增加资源点并命名为 b。

单击左上角任务管理——单击新建任务——单击目标点列表选 a——单击 gotoTarget——
单击目标点列表选 b——单击 gotoTarget——单击保存任务——单击执行任务。

（1）设置初始位置。单击设置初始位置，给机器人一个位置和方向，如图 4-15 所示。

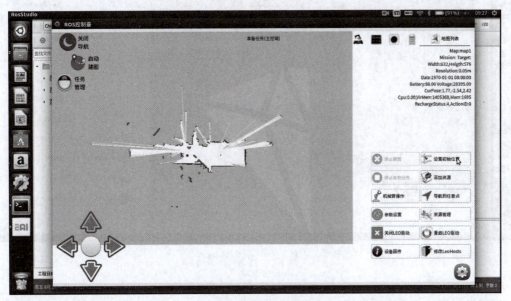

图 4-15　设置初始位置

当激光数据与地图的边缘重合时初始化位置成功，如图 4-16 所示。

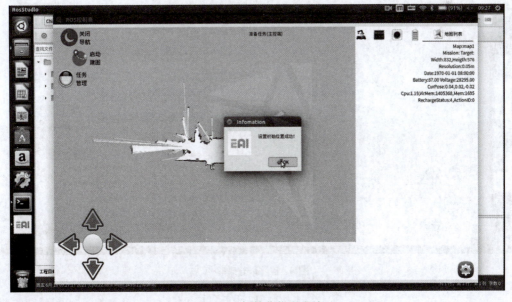

图 4-16　初始化位置成功

（2）添加资源。单击添加资源，如图 4-17 所示。

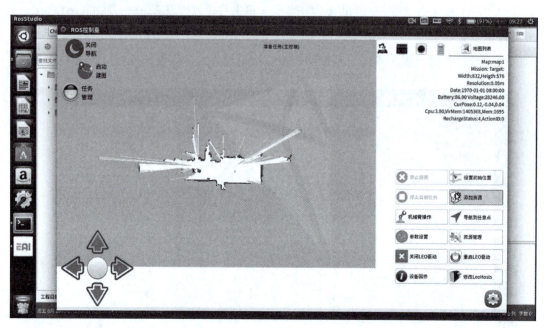

图 4-17 添加资源

（3）抓取点。单击抓取点，如图 4-18 所示。

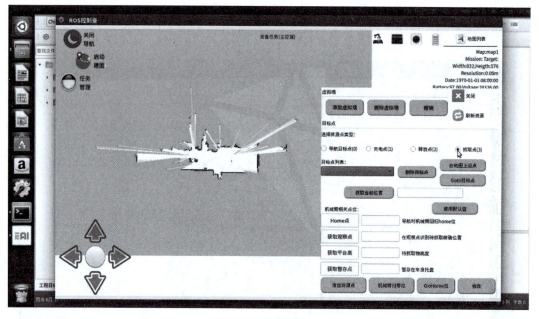

图 4-18 单击抓取点

（4）获取当前位置。单击获取当前位置，得到机器人在地图中的位置信息，如图 4-19 所示。

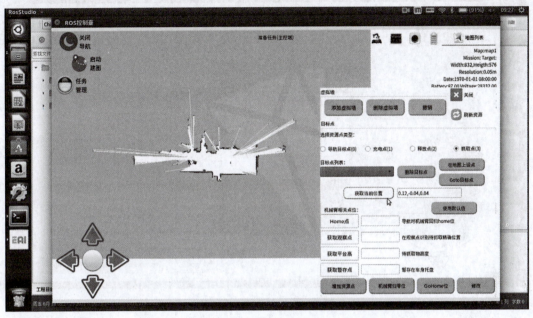

图 4-19　获取当前位置

（5）添加资源。单击增加资源点，如图 4-20 所示。

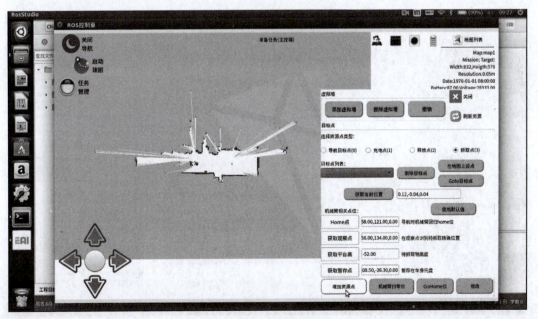

图 4-20　添加资源

（6）对抓取点进行命名，如图 4-21 所示。

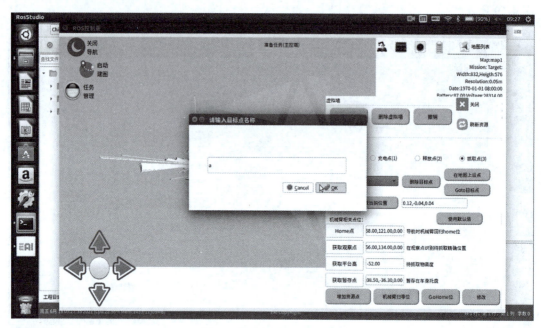

图 4-21　对抓取点进行命名

（7）再次设置初始位置。将机器人移动到目标点，单击设置初始位置给机器人一个位置和方向，校准机器人在地图中的位置，如图 4-22 所示。

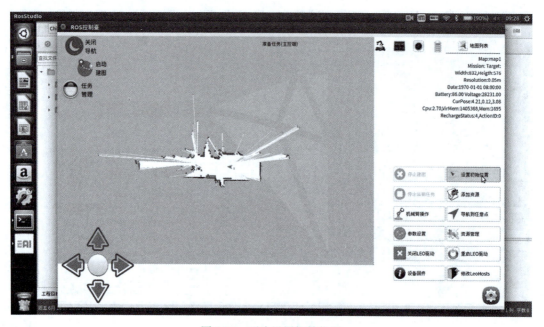

图 4-22　再次设置初始位置

（8）添加资源。单击添加资源，如图 4-23 所示。

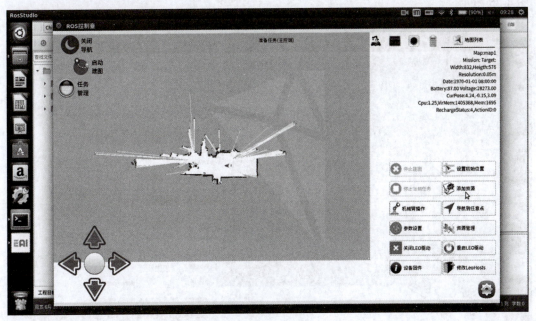

图 4-23 添加资源

（9）释放点。单击释放点，如图 4-24 所示。

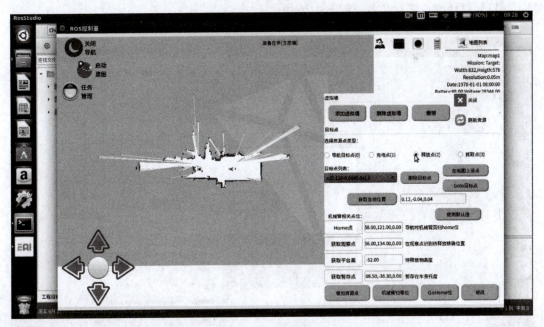

图 4-24 单击释放点

（10）获取当前位置。单击获取当前位置，得到机器人在地图中的位置信息，如图 4-25 所示。

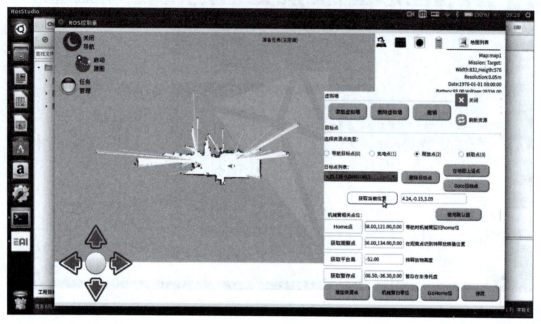

图 4-25　获取当前位置

（11）对释放点进行命名，如图 4-26 所示。

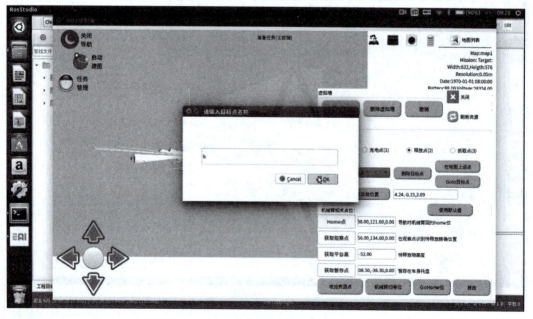

图 4-26　对释放点进行命名

（12）任务管理。单击任务管理，如图 4-27 所示。

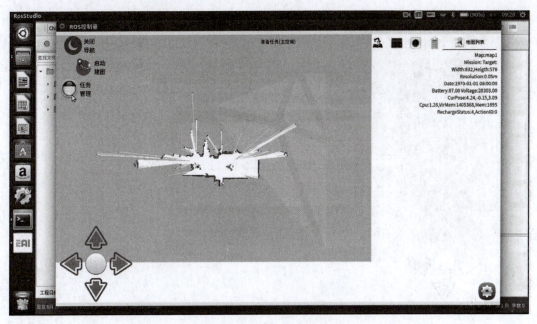

图 4-27　单击任务管理

（13）新建任务。单击新建任务，如图 4-28 所示。

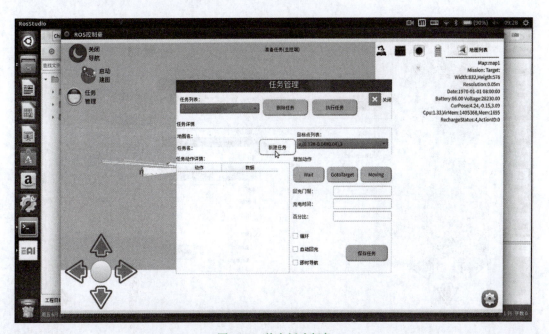

图 4-28　单击新建任务

（14）对任务进行命名，如图 4-29 所示。

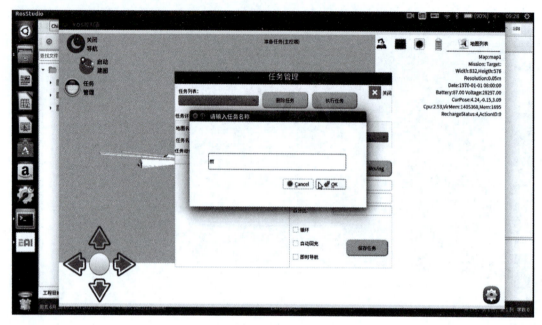

图 4-29　对任务进行命名

（15）添加抓取点。在任务中添加抓取点，如图 4-30 所示。

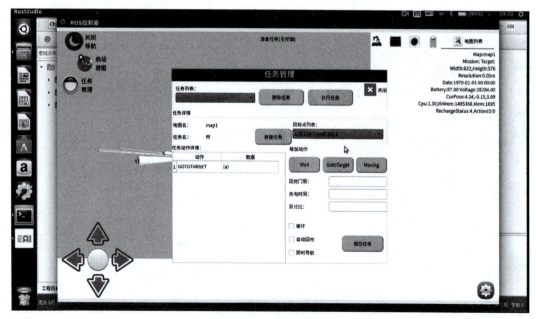

图 4-30　添加抓取点

（16）添加释放点。在任务中添加释放点，如图 4-31 所示。

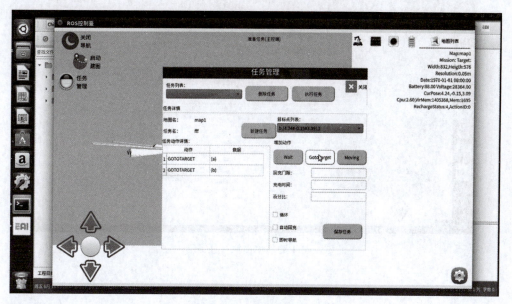

图 4-31 添加释放点

（17）保存任务。单击"保存任务"按钮，如图 4-32 所示。

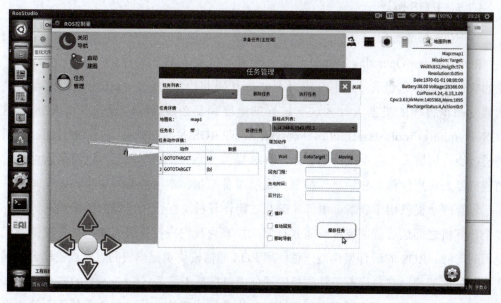

图 4-32 单击"保存任务"按钮

（18）执行任务。单击"执行任务"按钮，如果移动抓取过程中机器人在目标点附近一直转圈圈，总是到不了，则修改 xy_goal_tolerance 和 yaw_goal_tolerance 的值，如图 4-33 所示（dango_ws/src/dashgo/dashgo_nav/config/imu/teb_local_planner_params.yaml）。

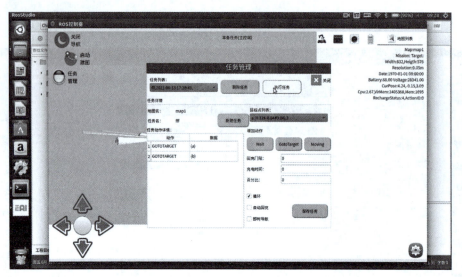

图 4-33　单击执行任务

4.7　相关技术介绍

4.7.1　ROS 概述

1. ROS 基本概念

ROS（Robot Operating System）是用于编写机器人软件程序的一种具有高度灵活性的软件架构。它包含了大量工具软件、库代码和约定协议，旨在简化跨机器人平台创建复杂、鲁棒的机器人行为这一过程的难度和复杂度。ROS 设计者将 ROS 表述为ROS=Plumbing+Tools+Capabilities+Ecosystem，即 ROS 是通信机制、工具软件包、机器人高层技能、机器人生态系统的集合体。ROS 提供一系列程序库和工具以帮助软件开发者创建机器人应用软件，包括硬件抽象、底层设备控制、常用函数的实现、进程间消息传递、包管理；提供用于获取、编译、编写、跨计算机运行代码所需的工具和库函数，在多个计算机之间运行程序完成分布式计算，能够为我们进行机器人研究和开发提供代码复用的支持。ROS 的运行架构是一种使用 ROS 通信模块实现模块间点对点松耦合的网络连接的处理架构，它执行若干种类型的通信，包括基于服务（services）的同步 RPC（远程过程调用）通信、基于话题（topic）的异步数据流通信，还有参数服务器上的数据存储（Parameter Server）。

ROS 的主要特点可以归结为以下几点：点对点设计、不依赖编程语言、精简与集成、便于测试、适用于大型系统、开源。

2. ROS 应用的优点

（1）解决分布式计算的问题。现代机器人系统往往需要多个计算机同时运行多个进程，一些机器人搭载多台计算机，每台计算机用于控制机器人的部分驱动器或传感器，即使只有一台计算机，通常仍将程序划分为独立运行且相互协作的小的模块来完成复杂的控制任务，这也是常见的做法；当多个机器人需要协同完成一个任务时，往往需要互相通信来支撑任务的完成。这些应用场景都需要应用分布式计算，而使用 ROS 可以很好地解决这些问题。

（2）随着机器人研究的快速推进，诞生了一批应对导航、路径规划、建图等通用任务的算法。当然，任何一个算法实用的前提是其能够应用于新的领域，且不必重复实现。事实上，如何将现有算法快速移植到不同系统一直是一个挑战，ROS 通过以下两种方法解决这个问题：一是 ROS 标准包（Standard Packages）提供稳定、可调试的各类重要机器人算法实现；二是 ROS 通信接口正在成为机器人软件的接口标准，绝大部分最新的硬件驱动和最前沿的算法实现都可以在 ROS 中找到。例如，在 ROS 的官方网站上有着大量的开源软件使用 ROS 通用接口，从而避免为了集成它们而重新开发新的接口程序。

为机器人开发软件比其他软件开发更具挑战性，主要是因为调试准备时间长，而且调试过程复杂。况且，因为硬件维修、经费有限等因素，不一定随时有机器人可供使用。ROS 提供两种策略来解决上述问题：一是精心设计的 ROS 系统框架将底层硬件控制模块和顶层数据处理与决策模块分离，从而可以使用模拟器替代底层硬件模块，独立测试顶层部分，提高测试效率；二是 ROS 另外提供了一种简单的方法可以在调试过程中记录传感器数据及其他类型的消息数据，并在试验后按时间戳回放。通过这种方式，每次运行机器人可以获得更多的测试机会。例如，可以记录传感器的数据，并通过多次回放测试不同的数据处理算法。在 ROS 术语中，这类记录的数据叫作包（bag），一个被称为 rosbag 的工具可以用于记录和回放包数据。

3. ROS 系统安装

ROS 目前支持的系统平台有 Ubuntu、OSX、Arch、Federa、Gentoo、OpenSUSE、Slackware、Debian。LEO 移动机器人使用的是 Ubuntu 系统，因为 ROS 在 Ubuntu 上的支持是最好的，而且 Ubuntu 本身系统更加轻便，内存空间占用更小，兼容性和可扩展性都较为优秀。

（1）安装准备。选择 ROS 版本和对应的系统平台。LEO 机器人采用的是 Ubuntu 16.04 和 ROS Kinetic，这也是推荐使用的版本，理由是 ROS Kinetic 和 Ubuntu 16.04 都是长期维护版本（LTS），并且 ROS Kinetic 是专门为 Ubuntu16.04 量身定做的，兼容性极高。

（2）配置 Ubuntu 软件仓库。软件仓库配置方法如图 4-34 所示。

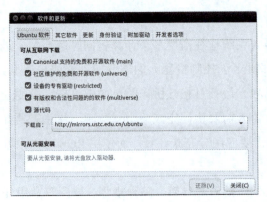

图 4-34　软件仓库配置方法

（3）配置安装源。ROS 的 apt 源有官方源、国内 USTC 源、新加坡源等可供选择，这里选择使用国内 USTC 源，安装速度快很多。选择国内源的命令如下：

```
sudo sh -c '. /etc/lsb-release && echo "deb http://mirrors.ustc.edu.cn/ros/ubuntu/ $DISTRIB_CODENAME main" > /etc/apt/sources.list.d/ros-latest.list'
```

（4）配置更新密钥。

```
sudo apt-key adv --keyserver hkp://ha.pool.sks-keyservers.net:80 --recv-key 421C365BD9FF1F717815A3895523BAEEB01FA116
```

注意，如果出现提示 GPG 错误，由于没有公钥，无法验证下列签名：NO_PUBKEY F42ED6FBAB17C654；或者提示无法访问 hkp://ha.pool.sks-keyservers.net:80。请输入如下命令：

```
sudo apt-key adv --keyserver keyserver.ubuntu.com --recv-keys F42ED6FBAB17C654
```

如果是提示 gpg 找不到有效的 OpenPGP 数据，可以输入以下命令：

```
sudo apt-key adv --recv-keys --keyserver hkp://keyserver.ubuntu.com:80 AAAD1D3563E5A736A4F561EE884D6308E89713C4
```

（5）更新索引。

```
sudo apt-get update
```

（6）安装 ROS 及其他常用依赖。

```
sudo apt-get install ros-kinetic-desktop-full
sudo apt-get install python-rosinstall
```

（7）配置环境变量。

```
sudo rosdep init
rosdep update
echo "source /opt/ros/kinetic/setup.bash" >> ~/.bashrc
source ~/.bashrc
```

如果 rosdep init 一直提示错误，sudo gedit /etc/hosts 在文件末尾添加 151.101.84.133 raw.githubusercontent.com 保存，等待约 1 分钟再重试 rosdep init。

（8）测试 ROS 是否安装成功。在终端输入 roscore -h，运行没有红色错误信息则为成功。

4. ROS 工程的基本结构

ROS 工程的基本结构如图 4-35 所示。

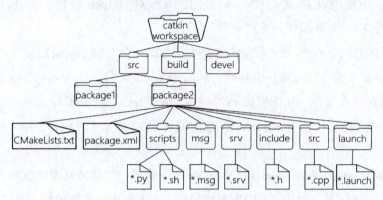

图 4-35　ROS 工程的基本结构

最顶层的 catkin 工作空间是整个 ROS 工程中层次最高的概念。工作空间也就是我们管理和组织 ROS 工程项目文件的地方。而 catkin 是 ROS 定制的编译构建系统，是对 CMake 的扩展，对 ROS 这样大体量的工程有更好的支持，同时也简化了操作。简而言之，catkin 工作空间就是一个文件夹，用来组织和管理 ROS 功能包，可以使用 catkin 对其进行编译。

（1）新建一个 ROS 工程与 ROS 功能包，编译并验证。catkin 编译之前需要回到工作空间目录，catkin_make 在其他路径下编译不会成功。编译完成后，一定要使用 source 命令刷新环境，使得系统能够找到新生成的 ROS 可执行文件，否则将出现无法找到可执行文件的错误。

```
cd
mkdir test_ws/src -p            # 创建一个名称为 test_ws 的工作空间（ROS 工程）
cd test_ws/src
catkin_create_pkg test1 roscpp  # 创建一个 ros package 功能包
cd ..
catkin_make                     # 编译
source devel/setup.bash         # 刷新环境
```

仅限于当前终端窗口，若希望每次默认加载，则需要配置到 ~/.bashrc 文件中。

```
roscd test1                     # 如果能跳转到 test1 目录下，即为成功
```

仅编译某个包可以使用 catkin_make --pkg ROS 包名。编译好并配置环境的 package 包能够使用 ROS 文件系统工具 roscd（相当于 cd 的改进版）找到。roscd ROS 包名可以跳转到 ROS 包的目录下，且输入 ros 包名时支持 Tab 键自动补齐。

对于源代码包，只有编译之后才能在系统上运行。Linux 下的编译器有 gcc、g++，随着源文件的增加，直接用 gcc/g++ 命令的方式显得效率低下，人们开始用 Makefile 来进行编译。后来 Makefile 也不能满足需求，于是便出现了 CMake 工具。CMake 是对 make 工具的生成器，是更高层的工具，它简化了编译构建过程，能够管理大型项目，具有良好的扩展性。ROS 采用的就是 CMake，并且 ROS 对 CMake 进行了扩展，于是便有了 Catkin 编译系统。catkin 编译的工作流程如下：

1）在工作空间 test_ws/src/ 下递归地查找其中每一个 ROS 的 package。

2）package 中会有 package.xml 和 CMakeLists.txt 文件，Catkin（CMake）编译系统依据 CMakeLists.txt 文件，从而生成 makefiles（放在 test_ws/build/ 中）。

3）make 刚刚生成的 makefiles 等文件编译链接生成可执行文件（放在 test_ws/devel 中）。

也就是说，catkin 就是将 cmake 与 make 指令做了一个封装从而完成整个编译过程的工具。catkin 有比较突出的优点：操作更加简单；一次配置，多次使用；跨依赖项目编译。要用 catkin 编译一个工程或软件包，只需要用 catkin_make 指令。写完代码，执行 catkin_make 进行编译，调用系统自动完成编译和链接过程，构建生成目标文件。

（2）package 功能包的规范。一个程序包必须符合以下要求：

1）必须包含 package.xml 文件，它定义有关包的属性，如包名称、版本号、作者、维护者，以及其他 catkin 包的依赖关系。

2）必须包含 CMakeLists.txt 文件，它是 CMake 的生产文件。

3）每个 package 目录下只能有一个程序包，在同一个目录下不能有嵌套的或者多个程序包存在。最简单的程序包也许看起来就像这样：

```
my_package/
CMakeLists.txt
package.xml
```

package.xml 文件必须要包含 name、version、description、maintainer、license 五个属性。

由于编译要用到 catkin_make 工具，所以其中还需要加入对 catkin 工具的依赖：buildtool_depend 编译构建工具，通常为 catkin。

通常还需要加入对依赖项的依赖：build_depend 编译依赖项、build_export_depend 导出依赖项、exec_depend 运行依赖项。

CMakeLists.txt 文件直接规定了这个 package 要依赖哪些功能包、要编译生成哪些目标、如何编译等流程。所以 CMakeLists.txt 非常重要，它指定了由源码到目标文件的规则，catkin 编译系统在工作时首先会找到每个 packag 下的 CMakeLists.txt，然后按照规则来编译构建。

CMakeLists.txt 文件必须包含 cmake_minumum_required（版本号）、project（包名）、find_package(catkin REQUIRED)、catkin_package() 结构。

用 find_package 指令来指定在构建项目过程中依赖了哪些其他的包。在 ROS 中，catkin 必须依赖，所以我们写上 catkin REQUIRED，在此基础上，如果还需要依赖其他包或组件，则在上述的包后面继续添加包或组件名即可：ind_package(catkin REQUIRED COMPONENTS nodelet)。如果 CMake 通过 find_package 找到一个包，则会自动生成有关包所在路径的 CMake 环境变量，环境变量描述了包中头文件的位置、源文件的位置、包所依赖的库以及这些库的路径。

用 catkin_package 指令将 catkin 特定的信息输出到构建系统上，用于生成 pkg 配置文件和 CMake 文件。一个简单的 catkin_package 通常包含 CATKIN_DEPENDS 项目依赖的其他 catkin 项目，例如 catkin_package(CATKIN_DEPENDS roscpp)。

如果需要编译某个 C++ 文件作为可执行文件，则需要使用 add_executable 和 target_link_libraries 指定。用 add_executable 指定要构建的可执行目标，用 target_link_libraries() 指定可执行目标链接的库，通常在 add_executable() 调用之后完成，如果需要找到 ROS 库，则添加 ${catkin_LIBRARIES}，例如：

```
add_executable  (sayHello  src/sayHello.cpp)
target_link_libraries  (sayHello  ${catkin_LIBRARIES})
```

5. 节点与节点管理器

（1）节点。机器人往往配置有多种不同的传感器来实现繁杂的功能，因此实际运行时，不会把所有功能都集中到一个进程上，而是采用分布式的计算方式，由不同的进程执行不同的功能，分别负责感知世界、控制运动、决策和计算等功能。这样做可以降低程序发生崩溃的可能性。试想如果将所有功能都写到一个进程中，不同功能间的通信、异常处理将会非常烦琐。"节点"这个机制就解决了这个问题。

在 ROS 系统中，最小的进程单元是节点（node），节点就是一个进程（process），只不过在 ROS 中它被赋予了专用的名字。一个软件包里可以有多个可执行文件，可执行文件在运行之后就成了一个进程，即节点。从程序角度来说，一个节点就是一个可执行文件（通常为 C++ 编译生成的可执行文件、Python 脚本）被执行，加载到了内存中；从功能角度来说，通常一个 node 负责着机器人的某一个单独的功能。

运行一个节点的指令为：

```
rosrun ros 包名 节点名称 # 如 rosrun test1 sayHello
# 节点需要在节点管理器中启动之后才能运行
# 节点在系统中的名称必须是唯一的
```

（2）节点管理器。既然需要运行大量的节点来实现不同的功能，那么调配、管理这些节点就要利用 ROS 提供的节点管理器（master），它在整个网络通信架构里相当于管理中心，管理着各个节点。启动节点管理器的指令为：

```
roscore    #注意不能启动多个节点管理器
```

同时启动的还有 rosout 和 parameter server。其中，rosout 是负责日志输出的一个节点，作用是告知用户当前系统的状态，包括输出系统的 error、warning 等，并且将 log 记录于日志文件中；parameter server 是参数服务器，它并不是一个节点，而是存储参数配置的一个服务器。

6. 启动文件

通常一个机器人运行操作时要开启很多个节点，对于一个复杂机器人的启动操作并不需要每个节点依次运行 rosrun 命令，ROS 提供了一个能一次性启动 master 和多个 node 的命令，即 roslaunch 命令，其用法如下：

```
roslaunch pkg_name file_name.launch
```

roslaunch 命令会自动检测系统的 roscore 有没有运行，也就是确认节点管理器是否在运行状态中，如果节点管理器没有启动，那么 roslaunch 就会首先启动节点管理器，再按照 launch 的规则执行。也就是说，运行 roslaunch 命令不需要考虑 roscore 是否已经启动，这一点与 rosrun 是不同的。

launch 文件里已经配置好了启动的规则，所以 roslaunch 就像是一个启动工具，能够一次性把多个节点按照预先的配置启动起来，减少在终端中一条条输入指令的麻烦。一般把启动文件存储在取名为 launch 的目录中。launch 文件格式见表 4-1。

表 4-1　launch 文件格式

<launch>	<!-- 根标签 -->
<node>	<!-- 需要启动的 node 及其参数 -->
<include>	<!-- 包含其他 launch-->
<param>	<!-- 定义参数到参数服务器 -->
<rosparam>	<!-- 启动 yaml 文件参数到参数服务器 -->
<arg>	<!-- 定义变量 -->
<remap>	<!-- 设定参数映射 -->
<group>	<!-- 设定命名空间 -->
</launch>	<!-- 根标签 -->

7. ROS 通信机制

（1）话题（topic）。对于实时性、周期性的消息，使用 topic 来传输是最佳的选择。工作机制如图 4-36 所示。

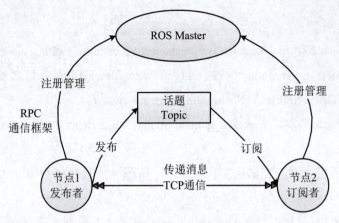

图 4-36　topic 工作机制

节点发布消息到话题来实现消息的发送，也订阅话题以接收消息。话题是用于标识消息内容的名称，对某种数据感兴趣的节点将订阅适当的话题。单个话题可能有多个并发发布者和订阅者，单个节点可能会发布并订阅多个话题。每个话题都是强类型的，发布到话题上的消息必须与话题的 ROS 消息类型相匹配，并且节点只能接收类型匹配的消息。

ROS 有一个 rostopic 工具可用于话题操作，它是一个命令行工具，允许获取话题的相关信息或直接发布数据，见表 4-2。

表 4-2　rostopic 工具

工具	说明
rostopic list	列出当前所有的 topic
rostopic info topic_name	显示某个 topic 的属性信息
rostopic echo topic_name	显示某个 topic 的内容
rostopic pub topic_name	向某个 topic 发布内容
rostopic type topic_name	查看某个 topic 的消息类型
rostopic find topic_type	查看某个数据类型的所有 topic
rostopic hz topic_name	查看某个 topic 的频率
rosmsg show topic_type	查看数据类型的数据结构

（2）消息（message）。消息具有一定的类型和数据结构，包括 ROS 提供的标准类型和用户自定义类型；使用编程语言无关的 .msg 文件定义，编译过程中生成对应的代码文件。消息一般存放在 package 的 msg 文件夹下，格式为 .msg。在 CMakeLists.txt 和 package.xml 中进行相关设置后可编译生成对应的代码文件，并可被其他程序使用。

创建自定义消息：在 package 下新建 msg 目录，在 msg 目录下新建文件：消息名称 .msg，逐行写入具体的"数据结构 数据名称"，比如：

```
string name
int32 age
```

修改 CMakeLists.txt，find_package 添加 message_generation，catkin_package 的 CATKIN_DEPENDS 添加 message_runtime，添加 add_message_files(FILES 消息名称 .msg)，添加 generate_message(DEPENDENCIES actionlib_msgs std_msgs)。

修改 package.xml，添加 message_generation 的 <build_depend> 和 message_runtime 的 <exec_depend>

编译并添加环境变量，当前包和其他的包，按照引用其他依赖的方法，就可以使用这个消息了。

注意：编译好后，会在工程的 devel/include/ 包名 / 下看到生成了消息名称 .h 的头文件。

（3）服务（service）。服务是同步的跨进程函数调用。使用客户端 / 服务端模型，能够让客户端节点调用运行在服务端节点中的函数。服务端声明一个服务，并定义了一个回调函数来处理服务请求。客户端通过一个本地的代理请求调用这个服务。

话题中订阅 / 发布是不同步的，发布者只管发布消息，不管有没有或有几个订阅者，也不管订阅者能不能跟得上自己的发布速度；订阅者则只管监听消息，不会告诉发布者听没听到。这种方式交换数据的效率高，但完全不具备应答功能。因此，针对需要应答的场景，ROS 使用服务来实现。当服务端收到服务请求后，会对请求作出响应，将数据的处理结果返回给客户端。客户端发送请求后会阻塞，直到服务端返回结果才会继续执行。Service 运行机制如图 4-37 所示。

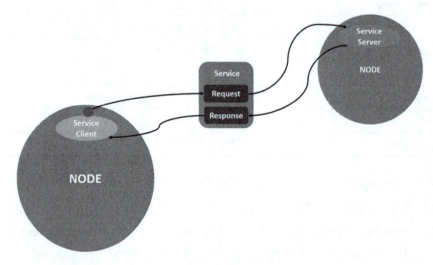

图 4-37　Service 运行机制

ROS 关于服务的命令行工具有 rosserver 和 rossrv，见表 4-3。

表 4-3 service 常用命令

命令	说明
rosservice list	列出当前所有的 service
rosservice info /service_name	显示某个 service 的属性信息
rosservice type /service	显示某个 service 的服务消息类型
rosservice call service_name ...	向某个 service 发送服务请求
rosservice find msg_type	查看某个消息类型的所有服务
rossrv show msg_type	查看服务消息类型的数据结构

服务需要由用户开发，节点并不提供标准服务。ROS 使用了一种简化的服务描述语言来描述的服务类型。这直接借鉴了 ROS 消息的数据格式，以实现节点之间的请求响应通信。

服务的描述存储在 package 下的 srv 目录中，文件格式为 .srv，内容由两部分组成：请求和响应，两者中间使用三个短横线分隔开来。

整个服务的实现主要分为三个部分：编写服务的 srv 文件、修改 CMakeLists.txt 文件、添加 add_service_files(FILES 服务名称 .srv)。在 package 的 srv 目录下新建 xxx.srv 文件，上面是请求数据，下面是返回数据，中间用 "---" 隔开。数据内容为 "数据类型 数据名称"，比如：

```
int64 a
int64 b
---
int64 sum
编写服务的服务端代码
编写服务的客户端代码
```

完成之后，编译工程，即可运行服务端程序，客户端发送服务请求，得到处理结果。编译完成后，会在工程的 devel/include/ 包名 / 下看到生成了服务名称 .h、服务名称 Request.h、服务名称 Response.h 三个头文件。

（4）动作（action）。是一种能够包含目标任务、完成进度、完成结果、任务中断的请求，可以理解为服务的升级版，发送动作请求后可以持续收到目标任务的完成进度和完成结果，还可以中断任务的执行，如图 4-38 所示。

action 机制由 ROS 中的 actionlib 功能包实现，这个功能包被称为动作库。通常使用的是其中的 SimpleActionServer，它在 ActionServer 类上实现单个目标策略，该策略有以下几个特性：

● 一次只能有一个目标可以处于活动状态。

● 新目标根据其 GoalID 字段中的标记抢占先前的目标（新目标优先于旧目标）。

Action Interface

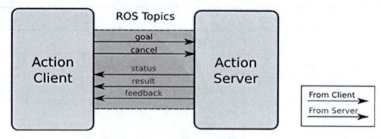

图 4-38　action 工作机制

要使用动作通信机制，需要实现以下几个部分：

1）新建动作库文件。在 package 下新建 action 目录，在 action 目录下新建动作库文件 xxx.action，文件内容按顺序包含目标（任务）、结果、反馈（进度），中间用 "---" 隔开，数据内容为 "数据类型 数据名称"，比如：

```
uint32 dishes_need_wash        # 目标
---
uint32 total_dishes_cleaned    # 结果
---
float32 percent_complete       # 进度
```

创建动作库文件后，需要修改 package.xml 和 CMakeLists.txt 文件。package.xml 添加 actionlib 和 actionlib_msgs 的 <build_depend>、<exec_depend> 依赖。CMakeLists.txt 的 find_package 添加 actionlib 和 actionlib_msgs，添加 add_action_files(DIRECTORY action FILES DishWasher.action) 和 generate_message(DEPENDENCIES actionlib_msgs std_msgs 其他用到的消息类型库)。

2）编写动作的服务端代码和客户端代码。完成之后，编译工程，即可运行服务端程序，客户端发送动作请求，得到处理结果。编译完成后，会在工程的 devel/include/ 包名 / 下看到生成了与此动作相关的 7 个头文件。除此之外，还会生成此动作对应的自定义消息。服务端 action 启动后，将生成服务相关的话题，其他进程可以通过话题得知动作状态、控制动作。

（5）参数服务器 Parameter Server。参数服务器是可以通过网络访问的共享的多变量字典。它是节点存储参数的地方，用于配置参数、全局共享参数。参数服务器使用互联网传输，在节点管理器中运行，实现整个通信过程。它使用 XMLRPC 数据类型为参数赋值，包括以下类型：32 位整数、布尔值、字符串、双精度浮点数、ISO 8601 日期、列表（List）、基于 64 位编码的二进制数。

参数服务器的配置方式非常简单灵活，总的来讲有三种方式：命令行维护（通过命令行发指令操作参数）、launch 文件内配置参数、node 源码（代码中操作参数）。

命令行维护的常用指令见表 4-4。

表 4-4　常用维护指令

指令	说明
rosparam list	列出服务器中的所有参数
rosparam get [parameter]	获取参数值
rosparam set [parameter] [value]	设置参数值
rosparam delete [parameter]	删除参数
rosparam dump [file]	将参数服务器保存到一个文件中
rosparam load [file]	加载参数文件到参数服务器

launch 文件内配置参数可以使用 <param> 设置单个参数，使用 <rosparam> 加载参数文件中的所有参数。

代码中，C++ 的 ROS 库提供 ros::param::get() 和 ros::NodeHandle::getParam() 这两个读取参数的函数，以及 ros::param::set() 和 ros::NodeHandle::setParam() 这两个设置参数的函数，还有删除函数、判断是否有某个参数的函数。

8. 常用可视化工具

（1）rviz。rviz 是 ROS 的三维可视化工具，主要目的是以三维方式显示 ROS 消息，可以将数据进行可视化表达。例如可以无须编程就能表达激光雷达等传感器扫描到的障碍物，以三维点云数据（Point Cloud Data）展现；对从相机获取的图像进行展示；显示机器人模型、场景地图；向移动机器人发布导航命令等。

rviz 通常都会随 ROS 安装好。在安装好 ROS 的 Ubuntu 系统上使用 rviz 指令或 rviz -d xxx.rviz 启动指定的 rviz 文件。

（2）rqt 工具。rqt 工具是一套基于 qt 开发的可视化工具，常用的有以下三个：

1）rqt_graph。rqt_graph 插件提供了 ROS 系统的内省和可视化，展示节点之间的通信和连接，便于调试和理解运行系统及其组成。运行指令：rqt_graph。

2）rqt_plot。可以动态绘制发布到某一个话题上的数据的图形，其纵坐标是用户指定的数据，横坐标是时间，时间是自动变化的，适合用来查看数据的变化。运行指令：rqt_plot（这里在 ROS+Python2 的环境下运行会报错，可以使用 pip install pyqtgraph 安装兼容包，然后再使用）。

3）rqt_image_view。可以查看图片类型数据，以图片形式显示出来。运行指令：rqt_image_view。

9. tf 工具

tf（TransForm）是一个允许用户随时间跟踪多个坐标框架的包。tf 维持时间缓冲的树结构中的坐标帧之间的关系，并允许用户在任何期望的时间点在任何两个坐标帧之间变换点、向量等。

通常可以使用 rqt_tf_tree 来查看 tf 关系，使用 view_frames 工具来将 tf 关系输出到 PDF 文件中。

rosrun rqt_tf_tree rqt_tf_tree 显示 tf 坐标系树，如图 4-39 所示。

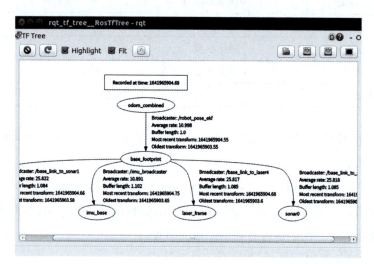

图 4-39　tf 坐标系树

rosrun tf view_frames 将当前的 tf 关系输出为 PDF 文件到当前目录下。

rosrun tf tf_echo /tf_1 /tf_2 打印两个坐标系之间的关系。

10. 数据记录与回放

rosbag 是一个用于记录和回放 ROS 话题的工具集合，主要用于记录、回放、分析话题中的数据。它可以将指定话题中的数据记录到 .bag 后缀的数据包中，便于对其中的数据进行离线分析和处理，这有助于我们基于离线数据快速重现曾经的实际场景，进行可重复、低成本的分析和调试。

常用指令如下：

```
osbag record -a                    # 记录所有话题的数据，数据包文件 xxx.bag 会保存到当前目录下
rosbag record topic1 topic2 ...    # 记录指定的几个话题的数据保存到数据包文件中
rosbag play  xxx.bag               # 播放数据包，数据包的数据会发布到对应的话题中
```

4.7.2　SLAM 算法

1. SLAM 简介

SLAM 指同步定位与地图构建，主要用于解决机器人在未知环境运动时的定位和地图构建问题。基于传感器的不同，SLAM 又可分为基于激光雷达的 2D/3D SLAM、基于深度相机的 RGBD SLAM、基于视觉传感器的 visual SLAM。

LEO 移动机器人使用的是基于激光雷达的 2D SLAM，根据算法的不同，激光 2D SLAM 又可分为：

（1）基于粒子滤波的 SLAM 算法，常见的有 HectorSLAM 算法和 Gmapping 算法。

（2）基于图优化的 SLAM 算法，常见的有 KartoSLAM 算法和 Cartographer 算法。

优缺点分析：HectorSLAM 不依赖里程计，适用于无人机及地面不平坦的区域，但是对传感器的性能要求非常高，激光雷达必须是高频率（40Hz 以上）且测量噪声和误差很小的。

Gmapping 是一种基于激光的 SLAM 算法，是移动机器人中使用最多的算法，LEO 移动机器人采用的就是这种 SLAM 算法。它对激光雷达频率要求相对较低，稳定性较高，且能够结合里程计、陀螺仪进行定位与地图构建，构建小场景地图时速度快、计算量小，缺点是非常依赖里程计，所以无法适应不平坦的地面，无法使用回环检测，在大场景下粒子多，特别消耗资源。

KartoSLAM 和 Cartographer 这两种基于图优化的 SLAM 算法，优点在于适合大场景建图，能进行闭环检测，建图效果好；缺点在于计算量和内存需求非常大，在构建大地图时有可能会导致算法程序死掉。

slam_gmapping 算法包的下载地址为 https://github.com/ros-perception/slam_gmapping。

2. 自主导航

在 SLAM 构建好地图的基础上，机器人可以基于得到的机器人位置信息、环境地图信息、给定的目标点规划完成导航任务，且在移动的过程中能避开动态障碍物。

LEO 移动机器人实现自主导航主要使用的是 ROS 的 navigation 包（官方地址 https://github.com/ros-planning/navigation），自主导航的实现主要分为以下几个重要部分：

（1）通过 SLAM 构建好高精度地图。目前 LEO 移动机器人采用的是 0.05 的分辨率地图，即地图上的 1 像素代表实际环境中的 0.05 米。

（2）加载静态地图，并使用 costmap_2d 功能包生成代价地图，用于后面的路径规划。这里使用代价地图的原因是导航避障更加安全，它在静态地图的基础上可以对障碍物进行膨胀，生成静态的全局代价地图，可以通过参数设置障碍物膨胀的范围，从而对路径产生作用；也可以对临时出现的动作障碍物生成动态的局部代价地图，这是机器人动态避障的关键。

costmapd 对路径规划的可通过性判断如图 4-40 所示。

（3）在开启自主导航（路径规划）之前，需要确定机器在地图上的当前位姿是否正确。这一点是由 AMCL 自适应蒙特卡罗算法实现，它允许手动设置机器人起点位姿，并在机器人移动过程中实时计算机器人位姿；机器人也可以在未知自身位置的情况下调用该算法接口，根据地图和激光实时数据自动定位好位置，但是该方法定出来的位置有一定错误概率，主要受地图复杂性和重复性的影响。

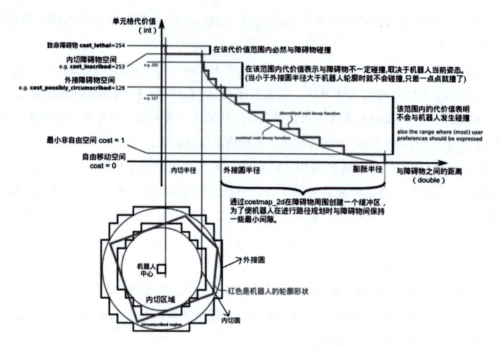

图 4-40　代价地图具体状态与值对应图

　　AMCL 是移动机器人在二维环境下的概率定位算法，它实现了自适应（或 kld 采样）的蒙特卡洛定位方法，作用是针对已有的地图使用粒子滤波器跟踪确定一个机器人的位姿信息。对机器人的定位是非常重要的，因为如果无法正确定位机器人的当前位置，那么基于错误的起始点来进行后面规划的到达目的地的路径必定也是错误的，那么按照错误的路径来移动必定是无法到达目的地的。

　　（4）在地图上给定一个正确可到达的目标点位姿。

　　（5）在已知机器人当前位姿和目标点位姿的情况下，需要先进行全局路径规划，规划出一条到达目标点的合适路径，常用的全局规划算法是 A* 算法和 Dijk 算法，即最短路径规划算法。

　　（6）在全局路径规划的基础上需要进行局部路径的规划（通常使用 dwa_local_planner 算法或 teb_local_planner 算法），它会使机器人尽可能地按照全局路径行走，一旦在全局路径上突然出现障碍物，它会立刻重新规划局部路径绕开障碍物，再沿着剩下的全局路径走。正常情况下，全局路径规划和局部路径规划都会按一定频率更新，一般局部规划频率都高于全局规划频率。

第 5 章
中国机器人大赛

本章导读

　　本章详细介绍中国机器人大赛暨 RoboCup 机器人世界杯中国赛的性质、参赛要求、比赛安排、参赛指南，并通过一个具体案例引导学生按照比赛要求完成比赛作品。

本章要点

- 参赛流程
- 机器人设计方案
- 自主导航方案
- 声源控制方案

5.1　大赛简介

中国自动化学会机器人竞赛工作是中国自动化学会的一项重要工作。从 1999 年开始，在学会的指导下相继开展了 FIRA、RoboCup、中国机器人大赛等竞赛活动。

学会自 2015 年起设立机器人竞赛与培训部，任命李实博士为学会负责机器人竞赛与培训工作的专职副秘书长，兼任机器人竞赛与培训部主任，加强对中国机器人大赛等竞赛活动和相关培训工作的规范化管理。机器人竞赛与培训部成立后，已经先后下发了《关于明确 2016 RoboCup 机器人世界杯中国赛、中国机器人大赛组织工作的通知》《关于开展中国机器人大赛项目审查工作的通知》等多份工作文件，协调教育部高等学校自动化类专业教学指导委员会为大赛协办单位，取得了卓有成效的工作成果。

目前，国内影响力最大的机器人竞赛是原中国机器人大赛暨 RoboCup 中国公开赛。该项赛事从 1999 年开始到 2015 年一共举办了 17 届。从 2016 年开始，根据中国自动化学会对机器人竞赛管理工作的要求，原中国机器人大赛暨 RoboCup 中国公开赛中的 RoboCup 比赛项目和 RoboCup 青少年比赛项目合并在一起，举办 RoboCup 机器人世界杯中国赛（RoboCup China Open）。原中国机器人大赛暨 RoboCup 中国公开赛中非 RoboCup 项目继续举办中国机器人大赛。根据 2016 年 1 月的中国自动化学会机器人竞赛工作会议精神，学会机器人竞赛与培训部已经开展了中国机器人大赛项目的审查工作，对原有的 15 个大项 79 个子项目逐一进行了审查。根据审查结果，将项目设置调整为 17 个大项 39 个子项目。在将原有的子项目进行了充分合并的基础上，邀请国内多所知名高校，设置了空中机器人、救援机器人等多项符合机器人发展热点和难点的比赛项目。经过项目调整，中国机器人大赛的整体水平得到了进一步提升，项目设置更加合理，技术难度涵盖不同层次，对参赛队的锻炼和评比作用更加明显。

中国自动化学会机器人竞赛与培训部将在学会的领导下，继续做好各项机器人赛事的组织工作，为推进机器人竞赛、培训、教育事业的发展不懈努力。

5.2　参赛要求

5.2.1　选手参赛要求

（1）参赛队伍必须由高校、科研机构、企事业单位及机器人爱好者组成，每支队伍必须有一位指导教师和一名队长，队员人数不少于 3 人。参赛队伍必须为合法注册的单位或组织，参赛队员必须为该单位或组织的正式成员。

（2）比赛项目包括机器人足球、机器人救援、机器人舞蹈、机器人服务等。参赛队伍可以选择参加一个或多个项目，但每个项目只能报名一支队伍。每个项目要求参赛队伍设计制造出一台能够完成规定任务的机器人，并进行现场比赛。

（3）参赛队伍必须在规定时间内完成机器人设计、制造、测试和调试，并提交相关资料。比赛时，机器人必须能够独立完成任务，不得进行人为干预。

（4）参赛队伍应当遵守比赛规则和竞赛精神，保持公正、公平、诚信的态度参赛。

（5）参赛队员应具备相关机器人技术和知识，能够独立或配合完成机器人的设计、制造、测试和调试工作。

（6）参赛队员应有团队合作精神，能够积极沟通和协作，共同完成比赛任务。

（7）参赛队伍必须严格按照比赛规定的规则和赛程进行比赛。

（8）参赛队员必须遵守比赛现场的秩序和安全规定。

（9）参赛队伍必须按照比赛规定的要求提交相关的参赛资料和成果。

（10）参赛队伍必须使用自己研制的机器人，机器人的设计和制造必须符合比赛规定的技术要求。

5.2.2　相关赛事准备的要求

（1）参赛队伍需要根据比赛项目的要求设计和制造出符合规定的机器人，并进行测试和调试，确保机器人能够独立完成比赛任务。

（2）参赛队伍需要准备相关的技术文档和报告，包括机器人的设计、制造、测试和调试过程，以及机器人的性能和技术指标等。

（3）参赛队伍需要对比赛规则和竞赛精神有充分的了解和掌握，积极参加相关培训和讲座，并做好比赛前的准备工作。

（4）参赛队伍需要保证机器人的安全性和稳定性，避免机器人在比赛中出现故障或意外事故。

（5）参赛队伍需要具备一定的财务和物流管理能力，能够妥善安排比赛期间的住宿、交通和食品等问题。

综上所述，参赛要求对参赛人员和赛事准备都有具体的要求，需要参赛队伍充分准备和备战才能在比赛中取得好成绩。同时，参赛队伍需要遵守比赛规则和竞赛精神，保持公正、公平、诚信的态度参赛。

5.2.3　违规处罚

（1）违反比赛规定的行为将被取消比赛成绩。

（2）严重违反比赛规定的行为将被取消比赛资格，并可能会被取消参加未来比赛的资格。

（3）对于造成比赛现场秩序混乱或安全问题的行为将会被取消比赛资格，并可能会被追究法律责任。

5.2.4　技术要求

（1）机器人足球项目是本次比赛的重头戏之一，也是最受关注的项目之一。机器人足球比赛是以机器人为运动员，使用计算机视觉和机器人控制技术模拟真实足球比赛的比赛形式。这一项目对机器人的智能、视觉、运动控制等技术要求较高，具有很高的技术含量和挑战性。

（2）机器人救援项目是以机器人为主角，模拟救援现场的比赛形式。比赛场地模拟火灾、地震等灾害现场，机器人需要在规定时间内完成搜救、救援等任务。这一项目对机器人的环境感知、路径规划、机械臂控制等技术要求较高，也是一个很有挑战性的项目。

（3）机器人舞蹈项目是以机器人为演员，使用机器人控制和编程技术模拟各种舞蹈动作的比赛形式。这一项目对机器人的动作控制、编程能力、音乐感知等技术要求较高，也是一个很有创意的项目。

（4）机器人服务项目是以机器人为服务员，模拟餐厅服务的比赛形式。机器人需要完成点菜、送餐等任务，对机器人的语音识别、自然语言处理、机械臂控制等技术要求较高。

总的来说，中国机器人大赛暨 RoboCup 机器人世界杯中国赛是一个很有挑战性和技术含量的机器人竞赛活动。通过这一比赛，可以促进机器人技术的发展和普及，提高机器人设计和制造的水平，为中国机器人产业的发展作出贡献。

5.3　大赛安排

大赛分为如下五个部分：

（1）报名阶段。一般在每年的 3～4 月份进行线上报名，组委会会在官网上发布报名通知和报名表格。参赛队伍需要填写相关信息并提交报名费用，报名费用的具体金额和支付方式会在报名通知中说明。

（2）赛前准备。比赛前，参赛队伍需要进行机器人的设计和制作，包括硬件和软件部分。比赛组委会会提供机器人的规格要求和技术要求，参赛队伍需要按照要求进行机器人的设计和制作，并进行测试和调试，确保机器人能正常运行。

（3）赛前培训。组委会会在比赛前组织赛前培训，包括比赛规则和技术讲解等，帮助参赛队伍更好地准备比赛。此外，组委会还会邀请一些机器人领域的专家和学者进行讲座，为参赛队伍提供更深入的技术指导。

（4）比赛阶段。比赛通常在每年的 6 ～ 7 月份举行，分为初赛、复赛和决赛。初赛一般会在多个城市同时进行，参赛队伍需要前往指定地点进行比赛。复赛和决赛通常会在同一个城市举行，参赛队伍需要根据赛程安排前往指定地点参加比赛。比赛内容包括机器人足球比赛、机器人救援、机器人舞蹈等多个类别，每个类别的比赛规则和要求都不同。

（5）颁奖典礼。比赛结束后，组委会会组织颁奖典礼，对获奖队伍进行表彰和奖励。此外，组委会还会组织一些活动和展览，为参赛队伍和观众提供更多的机会进行交流和学习。

5.4　大赛指南

5.4.1　比赛规则和赛项

RoboCup 机器人世界杯中国赛是一个包含多个赛项的大型赛事，包括机器人足球、机器人救援、机器人服务、机器人创意等。每个赛项都有不同的规则和评分标准，参赛队伍应认真阅读规则并准备相应的机器人。比赛通常分为初赛、半决赛和决赛三个阶段，参赛队伍需要通过初赛和半决赛的选拔才能晋级到决赛，最终争夺冠军。

5.4.2　技术准备

参赛队伍应提前做好机器人的技术准备工作，包括机器人的硬件和软件设计、机械结构优化、程序编写和调试等。机器人足球比赛需要机器人具备高速移动和精准定位的能力，机器人救援则需要机器人具备复杂环境下的感知和行动能力。参赛队伍需要根据不同赛项的需求设计和制作符合规定要求的机器人。同时，参赛队伍还应准备好必要的备件和工具，以便在比赛过程中进行维修和更换。在机器人比赛中，机器人的性能和稳定性是非常重要的，因此参赛队伍需要在技术准备方面下足功夫，确保机器人的表现达到最佳状态。

5.4.3　团队协作

参赛队伍应充分发挥团队协作精神，分工合作，互相协助，确保机器人的设计和制作质量。机器人研发需要多个领域的专业技术，如电子、机械、控制等，参赛队伍需要有不同领域的专业人才协同工作，共同完成机器人的设计、制作和调试。此外，团队成员之间还应保持良好的沟通和协调，确保比赛过程的顺利进行。在机器人比赛中，团队协作是非常重要的，一些细节问题可能对机器人的表现产生重要影响，因此需要整个团队密切协作，共同解决任何问题。

5.4.4 创新思维和科技教育

RoboCup 机器人世界杯中国赛旨在推动机器人技术的发展和应用，同时也是一个重要的科技教育平台。参赛队伍应具备创新思维，能够提出新颖的设计理念和解决方案，创造出具有实用性和市场潜力的机器人作品。机器人技术的发展需要不断地创新和突破，参赛队伍应该注重机器人的性能和稳定性，同时也要考虑到机器人的实用性和市场潜力。参赛队伍需要有创新思维，能够主动寻找问题和挑战，提出解决方案并不断优化和改进。同时，参赛队伍还应注重机器人的可持续发展，考虑到机器人的环保性和资源利用效率，以便在机器人技术的发展和应用中发挥更大的作用。

科技教育也是 RoboCup 机器人世界杯中国赛的重要目标之一。参赛队伍应该注重机器人技术的教育和普及，培养青少年对机器人技术的兴趣和热爱。通过参加比赛，参赛队伍可以学习到最新的机器人技术和应用，了解机器人工程的实践和应用，掌握机器人开发的核心技术和方法。同时，比赛还可以促进国际交流和合作，扩大参赛队伍的视野和交流机会，进一步推动机器人技术的发展和应用。

总之，参加 RoboCup 机器人世界杯中国赛需要具备较高的技术水平、团队协作能力和创新思维，同时要注重安全保障，才能在比赛中获得好成绩。参赛队伍应认真阅读比赛规则和评分标准，并做好充分的技术准备和团队协作，以便在比赛中充分展示机器人的能力和创新性。同时，参赛队伍还应积极与其他团队进行交流和学习，以便不断提高机器人的性能和水平。RoboCup 机器人世界杯中国赛不仅是一场竞赛，更是机器人技术发展的重要平台，参赛队伍应该充分利用比赛机会，积极探索机器人技术的前沿和未来发展方向。

5.4.5 安全保障

机器人比赛涉及高速运动和复杂环境下的操作，参赛队伍需要注重机器人的安全保障，避免发生意外事故。比赛场地需要设立相应的安全措施，如障碍物、警示标志等，参赛队伍需要确保机器人的操作安全，以免对场地和其他参赛队伍造成伤害或影响。

5.4.6 知识产权保护

机器人比赛中的机器人设计和技术涉及知识产权问题，参赛队伍需要注重知识产权保护，避免侵犯他人的知识产权。参赛队伍应该在比赛前对机器人的知识产权进行评估和保护，确保机器人的知识产权归属清晰明确。

5.4.7　赛后总结

比赛结束后，参赛队伍需要对比赛进行总结和反思，分析机器人的表现和问题，总结经验和教训，以便不断提高机器人的性能和水平。

5.4.8　环境保护

机器人比赛需要使用电力和其他资源，参赛队伍需要注重环境保护，减少对资源的浪费和污染。比赛场地应尽可能使用可再生能源和环保设备，参赛队伍需要在机器人的设计和制作中考虑到节能和环保，避免机器人对环境造成不必要的影响。

5.5　案例简介

5.5.1　挑战内容

将助老服务机器人组中的助老环境与安全服务作为例子。该赛项主要要求为设计的机器人能完成以下任务：

（1）控制电器：机器人对卧室内的台灯、风扇、窗帘实现控制。

（2）室内导航：机器人可实现在室内任意区域自主移动。

（3）人脸识别：利用设备视觉系统识别操作者，同时给出提示信息。

（4）语音定位：当机器人在室内环境中被位于某位置的操作人员呼唤时，机器人需要在规定时间内到达该位置。

（5）老人情况：判断老人是否跌倒，如果跌倒，语音播报并在视频图像中用方框定位老人，并发紧急短信。

（6）语音交互：对机器人进行提问，问题主要涉及室内环境状况。

（7）语音控制：可利用语音对机器人进行控制，如启动、停止、对话等。

5.5.2　挑战规则

1. 机器人要求

竞赛机器人系统鼓励参赛队伍自主设计实现，考虑到比赛现场搭建，为确保助老机器人大赛顺利进行，机器人尺寸大小应满足底盘直径小于 50cm，高小于 120cm，且应满足如下技术点：

（1）应用机器人操作系统 ROS 构建机器人软件。

（2）具备在比赛环境中的 SLAM 能力。

（3）具备在比赛环境中的自主导航能力。

（4）具备与人的高级交互能力。

2. 比赛场地

（1）比赛场地建议保持在 100 平方米及以上，竞赛区域 25 平方米，其余为调试区域，不少于 50 平方米。地板建议采用摩擦力较小的地板，场地围栏颜色为白色或原木色。

（2）比赛场景呈现在缩小的（5×5m，场地内隔板厚度在 5cm 以内，高度 120cm）智能家居环境中，在家居环境中还原家居实景，包含卧室、厨房、卫生间等功能区域，并且标配有常用台灯、风扇、电动窗帘等电器设备。所有电器设备采用无线控制，无线通信协议赛前公布，参赛队伍只需要按照无线通信协议下发指令即可。

（3）竞赛区域内需要提供 220V 交流电源插座 4 个。

场地示意图如图 5-1 所示。

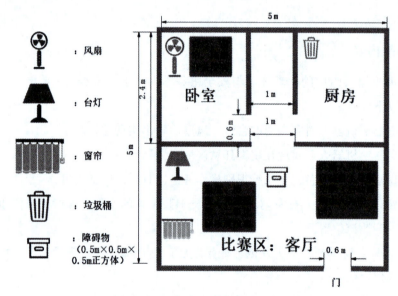

图 5-1　场地示意图

5.6　案 例 分 析

5.6.1　机器人设计方案

1. 通过机器人操作系统 ROS 设计机器人

ROS 具有易用性、开发效率高、跨平台、多编程语言、分布式计算、代码可重用等优势，能为机器人提供类似操作系统的功能。作为一个开源软件项目，ROS 的宗旨在于构建一个能够整合不同研究成果，实现算法发布、代码重用的机器人软件平台。它提供类似操作系统的功能，包含硬件抽象描述、底层驱动管理、共用功能执行、程序间消息传递、程序发行包管理，以及一些用于获取、建立、编写和运行多机整合程序的工具包和软件库。由于这些功能满足了广大开发者的需求，因此 ROS 在机器人研究领域得以迅速推广并衍生了广泛的应用。来自全世界的研究人员在 ROS 的基础上开发了许多诸如定位建图、运动规划、感知认知、仿真验证等上层功能软件包，使得这一软件平台的功能更加丰富，发展更加迅速。ROS 将有望成为机器人软件开发事实上的标准。

2. SLAM 及自主导航系统设计

自主导航是智能家居服务机器人最基本的技术，同时也是必不可少的部分。自主导航是指机器人通过自主路径规划运动到一个指定的目的地。老人行动不便时，通过手势或语音对机器人发出指令。

5.6.2　自主导航方案

1. 总体路线

机器人用 SLAM 构建出了环境地图，在已知环境地图的情况下，可以用 SLAM 的重定位功能或单独的基于已知地图的定位算法（如 AMCL）来进行机器人的定位。环境地图和机器人位姿都有了，就可以开始做自主导航和避障了。机器人自主导航可以分成两个实现部分：第一个部分是全局路径规划，第二个部分是局部路径规划。全局路径规划利用地图信息寻找一条能到达目标的全局路径，全局路径在机器人导航过程中起到全局战略性的指导。理想情况是，机器人完全按照全局路径移动到目标，但是实际环境往往是多变的和复杂的，而且机器人实际控制也会存在偏差，所以机器人的实际运动控制需要有一套局部路径规划算法最终实现。局部路径规划需要尽量逼近全局路径，尽量远离障碍物，最快时间到达目标，控制策略控制机器人完成实际的移动。导航框架如图 5-2 所示。

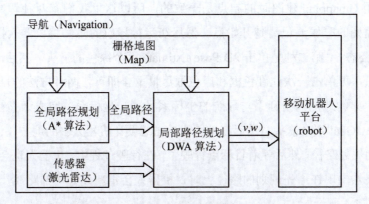

图 5-2　导航框架图

2. 导航使用

打开终端，输入 roslaunch zoo_robot robot_lidar.launch 启动底盘，然后打开新的终端，输入 roslaunch robot_slam navigation.launch 运行导航功能，再打开新终端，输入 roslaunch robot_slam view_nav.launch，即可在 rviz 下看到机器人在环境场景中的一些信息了，如图 5-3 所示。

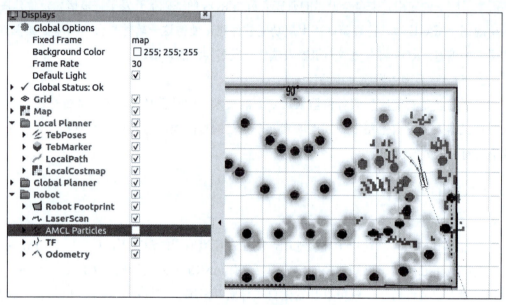

图 5-3　导航界面

上面我们会使用到的两个图标是两个绿色的箭头，分别是 2D PoseEstimate 和 2D Nav Goal，界面的右侧则是显示的信息，图中有红色箭头代表目前机器人朝向，红色点形成的框代表激光雷达识别到的障碍物，黑色点形成的框，这里是加载的所保存下来的地图。那么在这张图中就能发现，红色的识别的障碍物框和黑色的加载的障碍物框并不重合，有很大的偏移，这就是我们在运行导航时要注意的一点，当启动导航时，默认的机器人的坐标与使用 Gmapping 建图时的起点是一致的，所以这里我们有两种解决方法：第一种是在我们建图的时候要记清楚开始点，然后在运行导航的时候将机器人摆回到初始点（包括位置和姿态）；第二种是单击 2D Pose Estimate 那个绿色的箭头，然后单击地图中的一点调整姿态，再单击一次让红色框和黑色框尽量重合即可。两种方法的目的是一样的，都是确保所建立的地图的坐标系与导航的坐标系为同一坐标系。完成调整初始点之后即可单击 2D Nav Goal 那个箭头，然后在地图中单击想要让机器人去的地方并调整朝向，机器人就会自动规划路径，然后朝着目标点行驶了，在行驶过程中，机器人也会自动去避障，比如一个人突然出现在原先规划的路径上时，机器人会重新规划局部路线，绕过这个人，展示效果如图 5-4 所示。

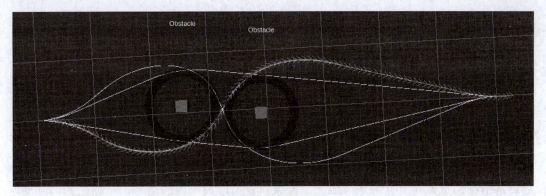

图 5-4 避障效果

在 ROS 中，有一个非常实用的自主导航框架，名为 move_base。我们刚才实现的自主导航就是依靠 move_base 实现的。导航功能的实现主要是依靠 navigation 功能包集来完成的，navigation 是 2D 的导航包集，它通过接收里程计数据、tf 坐标变换树、传感器数据来为移动机器人输出目标位置和安全速度，其导航逻辑如图 5-5 所示。

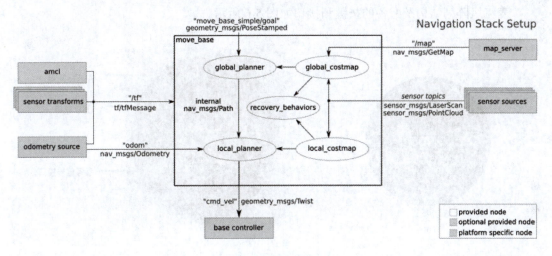

图 5-5 导航逻辑

导航功能的核心是 move_base 节点，它接收来自里程计的消息、机器人姿态位置、地图数据等信息，在节点内会进行全局规划和局部规划。其中，局部规划是为了能在导航过程中随时根据环境的改变来改变自己的路径，达到自动避障的效果。导航功能的实现首先要有的三个因素就是地图、导航的起点、终点目标，并在导航过程中不断根据里程计、激光雷达等传感器数据来确定自己的位置。在 navigation 导航功能中，首先会根据代价地图规划出起点到终点的路线，然后结合里程计信息以及激光雷达的数据判断当前位置并规划出当前位置附近的局部路线以达到避障的效果。最终将局部规划的路线以速度指令的形式输出。

5.6.3 声源控制

1. 硬件介绍

麦克风阵列是由一定数目的声学传感器（一般为麦克风）组成的，用来对声场的空间特性进行采样并处理的系统，主要作用有声源定位，抑制背景噪声、干扰、混响、回声，信号提取与分离。声源定位是指利用麦克风阵列计算声源距离阵列的角度和距离，基于 TDOA（Time Difference of Arrival，到达时间差）实现对目标声源的跟踪；信号的提取与分离是指在期望方向上有效地形成一个波束，仅拾取波束内的信号，从而达到同时提取声源和抑制噪声的目的。此外，利用麦克风阵列提供的信息基于深度神经网络可实现有效的混响去除，从而极大程度上提升了真实应用场景中语音交互的效果。

这里麦克风阵列采用平面式分布结构，包含 6 个麦克风，可实现 360 度等效拾音，唤醒分辨率为 1 度。可以使用麦克风阵列获取原始音频和降噪声频，获取唤醒角度和主麦编号。

麦克风阵列结构及配备的按键和接口如图 5-6 所示。

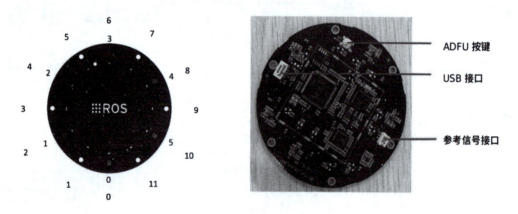

图 5-6　麦克风阵列结构

配备的按键、接口和编号说明如下：

（1）USB 口：用于与 PC 或嵌入式设备连接。

（2）ADFU 按键：用于刷机，按住该键时将 USB 插入到主机上即可进入开发者模式。

（3）参考信号接口：可用于回声消除。

（4）麦克风编号：已标注在麦克风上，分别对应 0 ～ 5。

（5）LED 灯编号：从 0 号麦克风开始，LED 顺时针编号依次为 0 ～ 11。

2. 语音测试

（1）打开终端，输入 audacity，如图 5-7 所示。

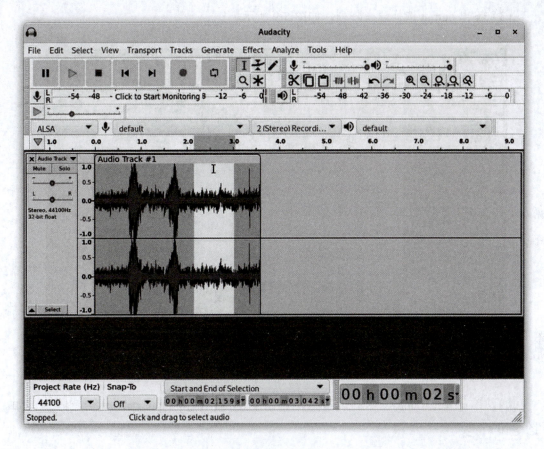

图 5-7　打开终端

（2）单击系统右上角的音量按键打开 sound setting，如图 5-8 所示。

图 5-8　单击音量按键

（3）输出 output 选择语音阵列，如图 5-9 所示。

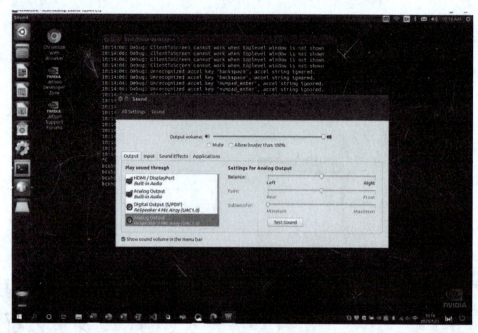

图 5-9　选择语音阵列

（4）单击 test sound 可以测试音频是否正确输出，输入 input 也选择语音阵列，如图 5-10 所示。

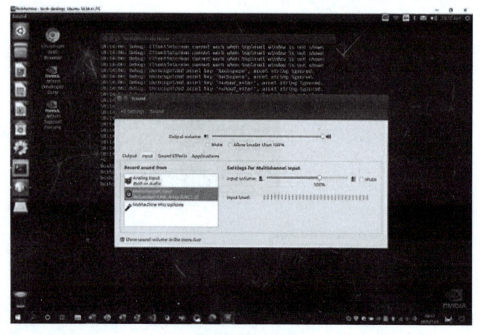

图 5-10　测试音频

（5）在 audacity 处单击 record 录音，如图 5-11 所示。

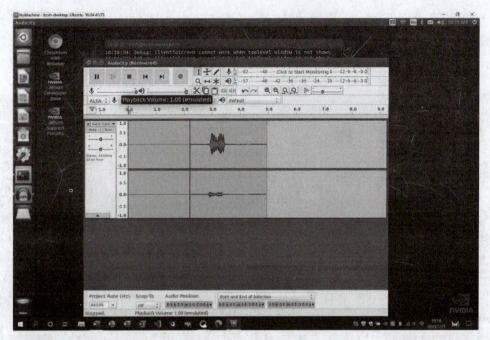

图 5-11　单击 record 录音

（6）单击 stop 停止录音，单击 play 播音。

3. 语音识别测试

打开新的终端，输入 ~roslaunch robot_voice iat_publish.launch，如图 5-12 所示。

图 5-12　打开新的终端

开启了我们的语音识别节点。语音识别节点是通过麦克风阵列来录音识别的。可以看到刚打开时处于 sleeping 状态，需要我们使用指令来唤醒。在这里打开一个新的终端，输入 ~rostopic pub /robot_voice/asr_topic std_msgs/String "data: "，然后看到之前打开语音识别节点的终端发生了变化，开始说话，可以看到正确识别出了说话的内容，如图 5-13 所示。

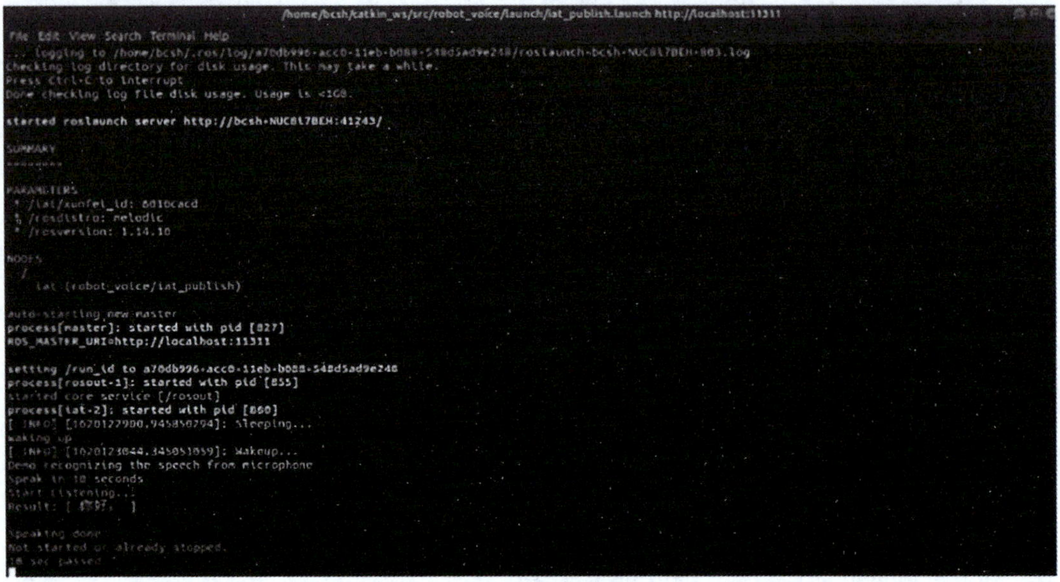

图 5-13　识别说话内容

想要继续识别下一句话，则可以继续发布 /robot_voice/asr_topic 命令，识别下一条语音识别后的文字结果我们通过 /robot_voice/nlu_topic 发布了出来，在后续使用，比如用于控制机器人运动、导航，或者通过自然语言处理进行对话。

第 6 章
中国国际大学生创新大赛

📖 本章导读

　　本章详细介绍了中国国际大学生创新大赛的性质、参赛要求、比赛安排、参赛指南，并通过具体案例引导学生按照比赛要求完成比赛作品。

📝 本章要点

- 参赛流程
- 方案分析

6.1　大赛简介

中国国际大学生创新大赛（原中国"互联网+"大学生创新创业大赛）是由教育部与政府、各高校共同主办的一项技能大赛，旨在深化高等教育综合改革，激发大学生的创造力，培养造就"大众创业、万众创新"的主力军；推动赛事成果转化，促进"互联网+"新业态形成，服务经济提质增效升级；以创新引领创业、创业带动就业，推动高校毕业生更高质量创业就业。

6.2　参赛要求

每一年参赛要求都有些许变化，仅以第九届（2023）参赛要求为例。

（1）参赛项目能够紧密结合经济社会各领域现实需求，充分体现高校在新工科、新医科、新农科、新文科建设方面取得的成果，培育新产品、新服务、新业态、新模式，促进制造业、农业、卫生、能源、环保、战略性新兴产业等的产业转型升级，促进数字技术与教育、医疗、交通、金融、消费生活、文化传播等深度融合。

（2）参赛项目应弘扬正能量，践行社会主义核心价值观，真实、健康、合法。不得含有任何违反《中华人民共和国宪法》及其他法律法规的内容。所涉及的发明创造、专利技术、资源等必须拥有清晰合法的知识产权或物权。如有抄袭盗用他人成果、提供虚假材料等违反相关法律法规和违背大赛精神的行为，一经发现即刻丧失参赛资格和所获奖项等相关权利，并自负一切法律责任。

（3）参赛项目只能选择一个符合要求的赛道报名参赛，根据参赛团队负责人的学籍或学历确定参赛团队所代表的参赛学校，且代表的参赛学校具有唯一性。参赛团队须在报名系统中将项目所涉及的材料按时如实填写提交。已获本大赛往届总决赛各赛道金奖和银奖的项目，不可报名参加本届大赛。

（4）参赛人员（不含产业命题赛道参赛项目成员中的教师）年龄不超过35岁（1988年3月1日及以后出生）。

（5）各省级教育行政部门及各有关学校要严格开展参赛项目审查工作，确保参赛项目的合规性和真实性。审查主要包括参赛资格以及项目所涉及的科技成果、知识产权、财务状况、运营、荣誉奖项等方面。

6.3　大赛安排

1. 奖项设置

（1）高教主赛道。中国大陆参赛项目设金奖 180 个、银奖 360 个、铜奖 1260 个，中国港澳台地区参赛项目设金奖 10 个、银奖 20 个、铜奖另定，国际参赛项目设金奖 50 个、银奖 100 个、铜奖 350 个。设置最佳创意奖、最佳带动就业奖、最具商业价值奖等若干单项奖。获得金奖项目的指导教师为"优秀创新创业导师"（限前五名）。

（2）"青年红色筑梦之旅"赛道。设置金奖 60 个、银奖 120 个、铜奖 420 个。设置乡村振兴奖、最佳公益奖等单项奖。获得金奖项目的指导教师为"优秀创新创业导师"（限前五名）。

（3）职教赛道。设置金奖 60 个、银奖 120 个、铜奖 420 个。获得金奖项目的指导教师为"优秀创新创业导师"（限前五名）。

（4）产业命题赛道。设置金奖 40 个、银奖 80 个、铜奖 280 个。

（5）萌芽赛道。设置创新潜力奖 20 个。入围总决赛但未获创新潜力奖的项目发放"入围总决赛"证书。

2. 赛程安排（以宿迁学院第九届安排为例）

（1）项目申报（2022 年 11 月—2023 年 2 月）。参赛团队在各学院报名，填写参赛团队报名表、推荐项目汇总表、学院联系人信息表。报名表与所有附件材料用 A4 纸双面打印并装订成册，以学院为单位分项进行提交，各项目以"学院 - 项目名称 - 项目负责人"命名。

（2）学院初赛（2023 年 3 月—4 月）。各学院组织初赛（院内选拔赛）。各学院组织对参赛项目进行初赛评审，择优选拔项目进入学校决赛。

（3）学校决赛（2023 年 5 月）。学校组织校内外专家对学院推荐项目进行决赛答辩评审。参赛团队通过登录全国大学生创业服务网（https://cy.ncss.cn）进行报名。报名系统开放时间为 2023 年 5 月 29 日，报名截止时间由各地根据复赛安排自行决定，但不得晚于 8 月 15 日。

（4）初赛复赛（2023 年 6 月—8 月）。大赛要求各地各学校登录 https://cy.ncss.cn/gllogin 进行大赛管理和信息查看。省级管理用户使用大赛组委会统一分配的账号进行登录，校级账号由各省级管理用户进行管理。初赛复赛的比赛环节、评审方式等由各地各校自行决定。各地应在 8 月 31 日前完成省级复赛，并完成入围总决赛的项目遴选工作（推荐项目应有名次排序，供总决赛参考）。国际参赛项目的遴选推荐工作另行安排。宿迁学院将邀请专家对决赛获奖项目进行打磨和辅导，确定推荐参加省赛项目，并积极组织复赛。

（5）总决赛（2023 年 9 月—10 月）。大赛设金奖、银奖、铜奖，另设省市组织奖、高校集体奖及若干单项奖。入围总决赛的项目将通过评审择优进入总决赛现场比赛，决出各类奖项。大赛组委会通过全国大学生创业服务网、国家大学生就业服务平台（https://www.ncss.cn）为参赛团队提供项目展示、创业指导、人才招聘、资源对接等服务，各项目团队可登录上述网站查看相关信息，各地各校可充分利用网站资源为参赛团队做好服务。

6.4　大赛指南

6.4.1　主体赛事

第九届（2023）大赛有 5 个主体赛事，分别是高教主赛道、"青年红色筑梦之旅"赛道、职教赛道、产业命题赛道和萌芽赛道。

1. 高教主赛道

高教主赛道根据参赛申报人所处学习阶段，项目分为本科生组、研究生组。根据所处创业阶段，本科生组和研究生组均内设创意组、初创组、成长组，并按照新工科、新医科、新农科、新文科设置参赛项目类型。参赛项目类型可以分为：

（1）新工科类项目：大数据、云计算、人工智能、区块链、虚拟现实、智能制造、网络空间安全、机器人工程、工业自动化、新材料等领域，符合新工科建设理念和要求的项目。

（2）新医科类项目：现代医疗技术、智能医疗设备、新药研发、健康康养、食药保健、智能医学、生物技术、生物材料等领域，符合新医科建设理念和要求的项目。

（3）新农科类项目：现代种业、智慧农业、智能农机装备、农业大数据、食品营养、休闲农业、森林康养、生态修复、农业碳汇等领域，符合新农科建设理念和要求的项目。

（4）新文科类项目：文化教育、数字经济、金融科技、财经、法务、融媒体、翻译、旅游休闲、动漫、文创设计与开发、电子商务、物流、体育、非物质文化遗产保护、社会工作、家政服务、养老服务等领域，符合新文科建设理念和要求的项目。

2. "青年红色筑梦之旅"赛道

"青年红色筑梦之旅"赛道参赛申报人须为项目负责人，须为普通高等学校全日制在校生（包括本专科生、研究生，不含在职教育）、毕业 5 年以内的全日制学生（即 2018 年之后的毕业生，不含在职教育）、国家开放大学学生（仅限学历教育）。企业法定代表人在大赛通知发布之日后进行变更的不予认可。参加"青年红色筑梦之旅"赛道的项目，须为参加"青年红色筑梦之旅"活动的项目。否则一经发现，取消参赛资格。根据项目性质和特点，分为公益组、创意组、创业组。公益组聚焦非营利目标，弘扬公益精神，展现公益服务领域的创新创意、产品或服务模式的创业计划和实践，参赛主体可为独立公益项目或社会组织，无论是否注册均可参赛；创意组基于专业和学科背景或相关资源，致力于解决农业农村和城乡社区发展问题，助力乡村振兴和社区治理，推动经济与社会价值共同发展，且参赛项目需在大赛通知下发前尚未完成工商注册；创业组通过商业手段解决发展痛点，巩固脱贫攻坚成果，助力乡村振兴，实现经济与社会价值共同发展，推动共同富裕，参赛项目需在大赛通知下发前已完成工商注册，且企业法定代表人股权不得少于 10%，参赛成员股权合计不得少于 1/3。

3. 职教赛道

职教赛道面向职业院校（包括职业教育各层次学历教育，不含在职教育）、国家开放大学（仅限学历教育）的学生。参赛项目类型分为创新类、商业类和工匠类。其中，创新类是指以技术、工艺或商业模式创新为核心优势；商业类是指以商业运营潜力或实效为核心优势；工匠类是指以体现敬业、精益、专注、创新为内涵的工匠精神为核心优势。

4. 产业命题赛道

产业命题赛道旨在推进产教融合、科教融会，通过发挥开放创新效用，打通高校智力资源与企业发展需求，协同解决企业发展中的技术、管理等现实问题；同时，引导高校将创新创业教育实践与产业发展有机结合，促进学生了解产业发展状况，培养其解决产业发展问题的能力；并立足产业发展，深化新工科、新医科、新农科、新文科建设，校企协同培育产业新领域、新市场，以推动大学生实现更高质量的创业就业。

5. 萌芽赛道

萌芽赛道面向普通高级中学在校学生，鼓励学生以团队为单位参加，允许跨校组建团队。要求推动创新创业素质教育，探索基础教育阶段创新创业教育的新模式，引导中学生开展科技创新、发明创造、社会实践等创新性实践活动，培养创新精神，激发创新思维，享受创造乐趣，提升创新能力。

6.4.2　选题原则

（1）以赛促教，探索人才培养新途径。全面提高人才自主培养质量，强化高校课程思政建设，深入推进新工科、新医科、新农科、新文科建设，深化创新创业教育改革，引领各类学校人才培养范式深刻变革，形成新的人才培养质量观和质量标准，切实提高学生的创新精神、创业意识和创新创业能力。

（2）以赛促学，培养创新创业生力军。着力造就拔尖创新人才，激励广大青年扎根中国大地了解国情民情，在创新创业中增长智慧才干，怀抱梦想又脚踏实地，敢想敢为又善作善成，做有理想、敢担当、能吃苦、肯奋斗的新时代好青年。

（3）以赛促创，搭建产教融合新平台。把教育融入经济社会发展，推动成果转化和产学研用融合，促进教育链、人才链与产业链、创新链的有机衔接，以创新引领创业、以创业带动就业，推动形成高校毕业生更高质量创业就业的新局面。

在第九届大赛的评分指标中，"教育维度"在各赛道的分值为 20～30 分。是否重视教育维度、是否体现教育初心，将直接决定对项目的评价。在互联网 + 教育的维度中，以下几个方面比较重要：

- 教育内容维度：互联网 + 教育可以实现教育内容的数字化、多样化和个性化。通过在线教育平台、移动学习应用、虚拟教学实验室等技术手段，学生可以随时随地获取丰富的教育资源，根据自己的兴趣和需求自由选择学习内容和学习方式。

- 教学模式维度：互联网 + 教育可以打破传统教学模式的限制，实现教学方式的创新和个性化。例如，通过在线辅导和直播课堂等方式，学生可以获得更为互动和灵活的学习体验。同时，互联网 + 教育也可以让教师更好地掌握学生的学习情况，及时调整教学计划和方法，提高教学效果。

- 教育资源维度：互联网 + 教育可以实现教育资源的共享和开放。通过开放教育资源、在线课程和学习社区等平台，可以打破时空限制，让更多人共享教育资源和知识。同时，也可以促进各国之间的教育交流与合作。

- 教育评价维度：互联网 + 教育可以实现教育评价的智能化和个性化。通过在线学习系统和人工智能技术，可以对学生的学习行为和学习成果进行全面、客观和精准的评价，为学生提供个性化的学习建议和反馈，帮助学生更好地发现自己的优势和不足，提高学习成效。

- 教育管理维度：互联网 + 教育可以实现教育管理的数字化和智能化。例如通过学生信息管理系统和教学管理平台，方便学校和教师进行学生信息、课程计划、教学资源等方面的管理工作。同时，也可以通过大数据分析和人工智能技术为教育决策提供科学依据和参考，提高教育管理的效率和质量。

创新维度约 20 分，主要有技术创新、商业模式创新、用户体验创新、社会责任创新和团队管理创新。

- 技术创新：可以探讨参赛团队在技术方面的创新，如新型算法、新型数据结构、新型网络协议等，同时可以分析这些技术创新的应用场景和优势。

- 商业模式创新：可以探讨参赛团队在商业模式方面的创新，如新型的营销策略、新型的盈利模式、新型的合作模式等，同时可以分析这些商业模式创新的市场前景和可行性。

- 用户体验创新：可以探讨参赛团队在用户体验方面的创新，如更加友好的界面设计、更加智能的推荐算法、更加贴近用户需求的功能等，同时可以分析这些用户体验创新的用户反馈和市场认可度。
- 社会责任创新：可以探讨参赛团队在社会责任方面的创新，如环保、公益、社会公正等，同时可以分析这些社会责任创新的社会影响和可持续性。
- 团队管理创新：可以探讨参赛团队在团队管理方面的创新，如更加灵活的组织架构、更加高效的协作方式、更加人性化的管理理念等，同时可以分析这些团队管理创新的团队建设和创新能力。

6.4.3　项目维度

在撰写获奖项目时，确实需要从多个维度进行全面而深入的阐述，以充分展现项目的价值、创新性和影响力。下面是对教育维度、创新维度、团队维度、商业维度的具体介绍。

1. 教育维度

（1）项目应弘扬正确的价值观，体现家国情怀，恪守伦理规范，有助于培育创新创业精神。

（2）项目符合将专业知识与商业知识有效结合并转化为商业价值或社会价值的创新创业基本过程和基本逻辑，展现创新创业教育对创业者基本素养和认知的塑造力。

（3）体现团队对创新创业所需知识（专业知识、商业知识、行业知识等）与技能（计划、组织、领导、控制、创新等）的娴熟掌握与应用，展现创新创业教育提升创业者综合能力的效力。

（4）项目充分体现团队解决复杂问题的综合能力和高级思维；体现项目成长对团队成员创新创业精神、意识、能力的锻炼和提升作用。

（5）项目能充分体现院校在新工科、新医科、新农科、新文科建设方面取得的成果；体现院校在项目培育、孵化等方面的支持情况；体现多学科交叉、专创融合、产学研协同创新、产教融合等模式在项目的产生与执行中的重要作用。

2. 创新维度

（1）项目遵循从创意到研发、试制、生产、进入市场的创新一般过程，进而实现从创意向实践、从基础研发向应用研发的跨越。

（2）团队能够基于学科专业知识并运用各类创新的理念和范式解决社会和市场的实际需求。

（3）项目能够从产品创新、工艺流程创新、服务创新、商业模式创新等方面着手开展创新创业实践，并产生一定数量和质量的创新成果以体现团队的创新力。

3. 团队维度

（1）团队的组成原则与过程是否科学合理；团队是否具有支撑项目成长的知识、技术和经验；是否有明确的使命愿景。

（2）团队的组织架构、人员配置、分工协作、能力结构、专业结构、合作机制、激励制度等的合理性情况。

（3）团队与项目关系的真实性、紧密性情况；对项目的各项投入情况；创立创业企业的可能性情况。

（4）支撑项目发展的合作伙伴等外部资源的使用以及与项目关系的情况。

4. 商业维度

（1）充分了解所在产业（行业）的产业规模、增长速度、竞争格局、产业趋势、产业政策等情况，形成完备、深刻的产业认知。

（2）项目具有明确的目标市场定位，对目标市场的特征、需求等情况有清晰的了解，并据此制订合理的营销、运营、财务等计划，设计出完整、创新、可行的商业模式，展现团队的商业思维。

（3）项目落地执行情况；项目对促进区域经济发展、产业转型升级的情况；已有盈利能力或盈利潜力情况。

注意：商业维度在"青年红色筑梦之旅"赛道、产业命题赛道和萌芽赛道中不作介绍。

6.4.4 案例选题

在第九届大赛中，宿迁学院小码蚁编程队的选题紧跟社会热点问题，同时注重自身积累，确定选题为《小码蚁——面向少儿图形化人工智能编程教育的领跑者》，选题旨在为中国计算机科普教育事业作出贡献。

在教育方面，三年来，小码蚁编程队始终致力于对外开展公益科普，具有完备的教育体系和精益求精的课程，得到了社会各界的广泛认可。校外科普开展的同时，小码蚁编程队也走进校园，走进小学，讲授小码蚁编程队的公益少儿编程课程，目前已累计讲授校内公益课程 500 余次，课堂效果得到校内领导的一致好评。项目弘扬了正确的价值观，体现家国情怀，恪守伦理规范，有助于培育创新创业精神。

在技术方面，尽管市场情况不容乐观，但我们仍旧作出了技术层面的重大突破，包括：

（1）首次实现一个图形化编程平台兼容多个硬件芯片。

（2）实现硬件的模块化，所用硬件模块可实现"即插即用"和"一键连接"，使硬件开发效率得到极大提高。

（3）构件化技术设计软硬件，兼容 ARM 和 RISC-VMCU 架构，核心代码自主可控。

本项目第一大核心亮点是采用构件化技术，系统面向功能模块，以功能模块进行程序设计，提高开发效率 25%，降低成本 5%；第二大核心亮点是采用图形化编程平台移植技术，首次实现一个图形化编程平台与多个硬件设备的二者兼容。

6.5　案例简介——"小码蚁国内首款面向少儿的图形化人工智能编程系统"

6.5.1　项目简介

本项目在欧阳思琪、张新新、郑国莉的带领下，在吉晨飞、潘羽仙、蒋定宏等同学的努力下，在"互联网＋"比赛中取得校优异成绩。本项目针对技术"卡脖子"、编程学习难、工程开发周期长等问题，采用图形化编程平台的移植实现技术、控件代码生成技术、构件化封装技术等核心技术，通过软硬件设计实现图形化编程系统。采用了图形构件化套件售卖、加盟等；通过进行白名单比赛、等级考试和少儿编程教育培训引流将线上、线下模块化销售两种策略作为商业模式。团队分为技术开发团队、市场运营团队、教育体系设计团队、财务团队、行政运营团队，分别由欧阳思琪、张新新、蒋定宏、陈丹妮、卞京华负责，顾问团队由江苏省计算机学会专委会主任王宜怀教授担任。

6.5.2　项目背景

在我国多年的科普教育发展过程中，教师资源严重缺乏、没有相应的经费支持等严重阻碍了农村科普教育的发展。高校大学生有能力、有责任通过思政教育、专业教育和创新创业教育推动乡村科普教育振兴取得新进展，经调研发现，主要有以下几个痛点：

（1）科普保障力度不够。管理、科普队伍、设备研发等缺乏保障。

（2）科普内容和形式较为单一。科普活动主要为知识宣讲、专题讲座等，学生被动接受科普知识。

（3）资源整合渠道不畅通。科普囊括医疗、农业等，需要社会资源支持。

6.5.3　产品服务

（1）服务范围。目前团队依托江苏省计算机科普教育基地，利用自研套件，围绕图形化编程、非遗文化、智慧医疗、白羽肉鸡智慧养殖开展工作，每年约科普 500 人次，在科普方面形成了独具特色的资源体系。

（2）作品积累。以技术为基础，团队不断开发科普作品，取得一定的成果。研发了测温仪、医疗恒温箱、医疗垃圾分类箱、智能康复拐杖、农药残留检测仪、美酒检测仪、视力保护仪、智能电烙铁等产品。

6.5.4　核心技术

（1）摆脱对国外技术的依赖，不使用国外开源框架，自主开发核心代码，利用自己开发的产品，以新工科、新医科、新农科、新文科助力"新农村、新农业、新农民、新生态"科普教育建设。

（2）核心技术在于图形构件化，突破了业内难以实现软硬件完全构件化的技术壁垒，形成可复用、可移植的软硬件构件模板，本产品已实现六分基础，开发人员可以告别从"0"开始进行的软硬件设计传统开发模式，大幅提高了开发效率，实现双系统设计：图形化物体认知系统、嵌入式开发系统。

6.5.5　应用场景

（1）中小学教育。利用自主开发套件，服务于中小学，助力"双减"之后的科技生活。

（2）发烧友。建立发烧友论坛，为创客提供"六成熟"开发套件，实现自己的创客梦。

（3）大学教育。服务于创新创业课程体系，利用套件服务于不同场景的创新创业。

6.5.6　商业模式

（1）盈利模式。

1）联合少儿编程机构，向其输送课程编程，在锻炼自身专业能力的同时产生盈利。

2）周末利用科普基地，对学校教师的孩子进行少儿编程培训，收取一定的费用。

3）市区中小学进行科普教育，在"双减"大背景下丰富学生的课余活动，收取一定的费用。

（2）公益。

1）在校期间，联合公益组织如蒲公英开展科普公益活动。

2）放假期间，团队成员利用节假日到自己的家乡进行科普宣传。

6.5.7　未来规划

（1）依托高校资源，完成基地建设和科普团队建设。

（2）完善开发者社区，构建软硬件构件化开发生态。

（3）结对科协、教育局、中小学、高校、社区，联合本地企业资源，例如上市公司益客集团开展肉鸡知识科普，打造品牌。

6.6 案例分析——"小码蚁国内首款面向少儿的图形化人工智能编程系统"

本节内容以中国国际大学生创新大赛中的高教主赛道本科生组为对象,介绍选题、课题材料准备与展示。

互联网 + 答辩现场的答辩展示时间非常宝贵,因此内容是高度浓缩的。在项目背景中提出痛点问题并分析现有解决方案的不足,在"双减"背景下教育部发文指出:智能时代发展需要人工智能和编程课程内容。这宣告了我们作为高校大学生有能力、有责任推动人工智能和编程科普教育取得新进展。目前市场上存在技术"卡脖子"、编程学习难、工程开发难、周期长等痛点问题,因此急需一款国产的、可降低学习难度的、功能强大的编程系统。

这是一款具有完全自主知识产权的新一代图形化编程系统,期望能在青少年的心头种下科技强国的种子。行业市场为,在"双减"背景下教育部发文指出:编程和人工智能是未来的必备技能。而且就从近几年调研的中国少儿编程教育行业市场与投资来看,图形构件化平台不仅可以用来进行编程教育,还可以深入进行实际应用。少儿编程普及率每年都有 2% ~ 3% 的增长,市场前景广阔,如图 6-1 和图 6-2 所示。

图 6-1 项目首页

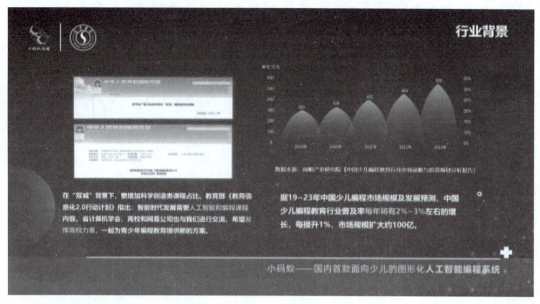

图6-2　行业背景

　　基于市场上的痛点问题，我们的小码蚁图形构件化编程平台采用"1+1+1+ 多的自主研发方案"：自主打造国产、开源的小码蚁图形构件化平台，致力于摆脱对国外技术的依赖，推动国产技术的发展，同时配备相应的课程体系，让青少年学有计划、学有可依。解决方案介绍如图6-3至图6-10所示。

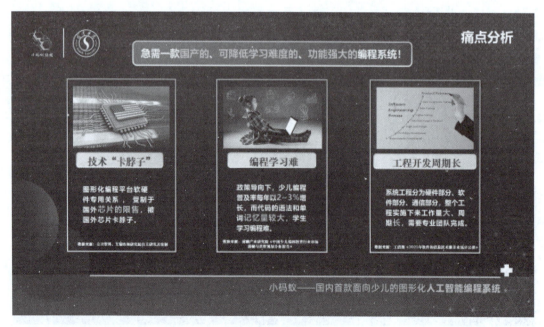

图6-3　痛点分析

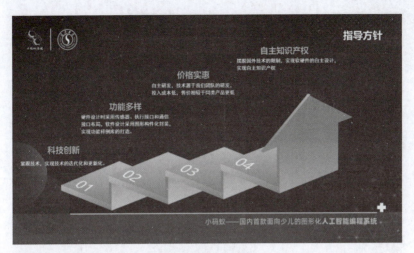

图 6-4　指导方针

图 6-5　产品目标

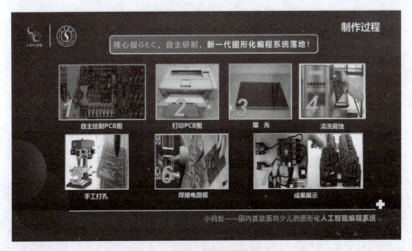

图 6-6　制作过程

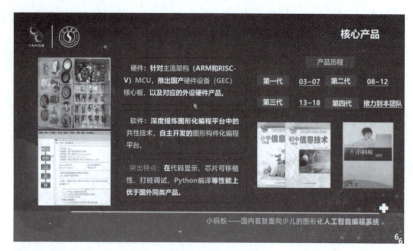

图 6-7　核心产品

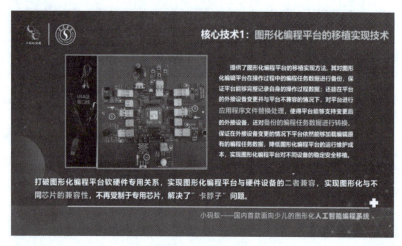

图 6-8　核心技术 1

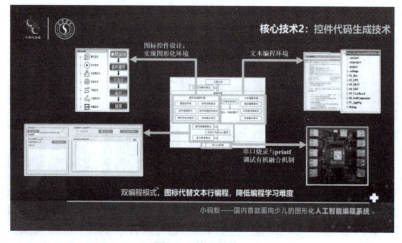

图 6-9　核心技术 2

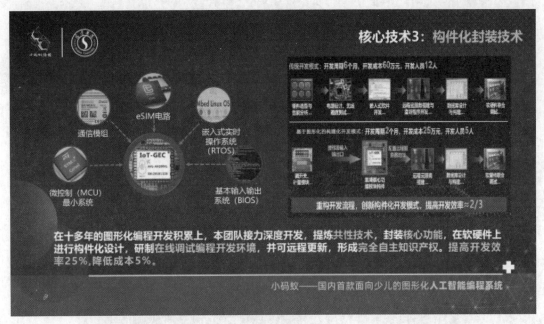

图 6-10　核心技术 3

　　本团队的专利成果：已有专利 15 项，在申专利 11 项已获授权，使用专利 4 项，产品成功通过查新，软件成功测试，技术国内首创，证明材料充足。项目自落地后，在社会上引起强烈反响。现团队已与江苏省计算机科普教育基地等 4 家科研机构达成长期合作。团队总结了同类产品的竞争优势，如图 6-11 至图 6-14 所示。

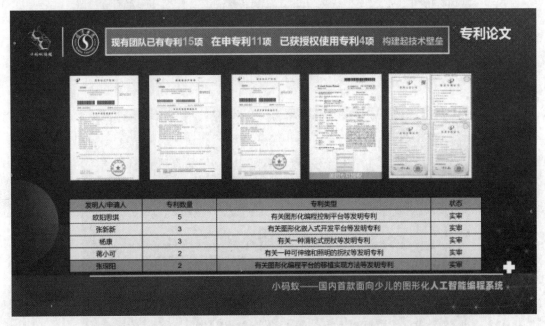

图 6-11　专利论文

图 6-12　查新报告

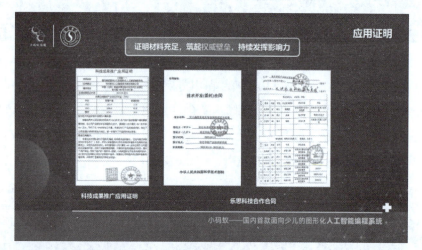

图 6-13　应用证明

图 6-14　竞争分析

　　本团队以三种途径、四种群体、三种阶段策略作为商业发展的内核，协办了中国中小学生信息与实践大赛、CCF 编程等级考试等，并以校内校外为发展基础，开展了校内公益课 500 余次、校外公益支教 110 余次，打响了品牌口碑，如图 6-15 至图 6-18 所示。

图 6-15　商业模式

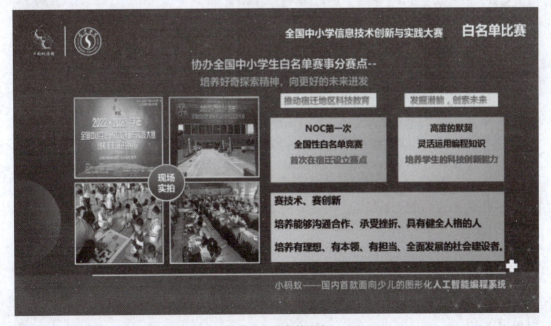

图 6-16　白名单比赛

图 6-17　等级考试

图 6-18　少儿编程培训

　　本项目受到业内广泛认可，获得了领导的高度重视和社会的广泛关注，社会影响力巨大，有百余次网站浏览、视频点赞、社会报纸刊登，获社会关注认可，如图 6-19 和图 6-20 所示。

图 6-19　产品宣传

图 6-20　社会影响

　　本项目将产创、科创、赛创三创融合，促进高质量人才培养，为其奠定良好的基础，并且小码蚁编程队立足人才培养，聚焦产业融合，实现了以赛促学、项目育人，发挥了示范效应，如图 6-21 所示。

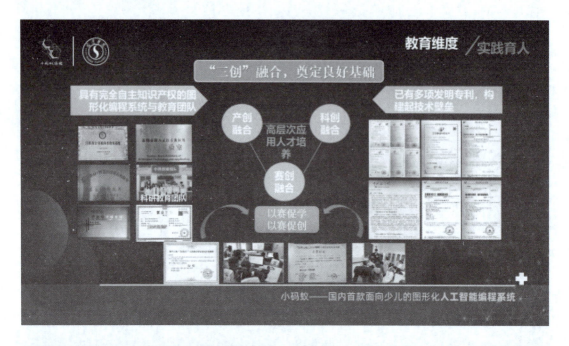

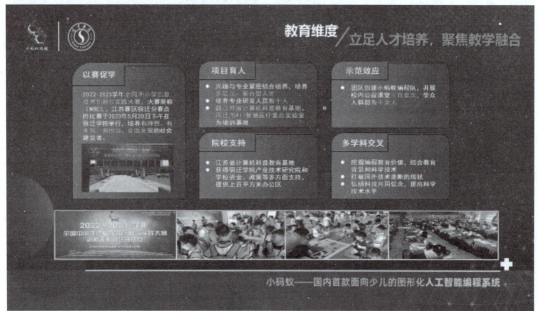

图 6-21　教育维度

　　本团队成立于 2014 年，团队成员和师资力量正在不断扩张，并且本产品实现了多次科普教学，影响人数达 3000 余人，拥有专利 60 余项，获得了 80 余项荣誉证书，受到了业内的广泛认可和领导的高度重视，如图 6-22 和图 6-23 所示。

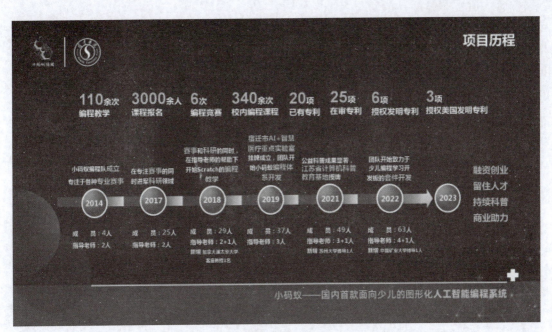

图 6-22　项目历程

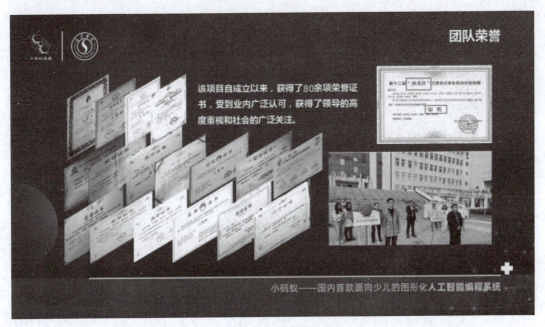

图 6-23　团队荣誉

　　本项目充分利用已有资金，以团队创始人控股 60% 的方式实现绝对控股，并且拟让出 20% 股权。在未来五年内预计收入达到 1.5 亿元，利润预计达到 4500 万元，如图 6-24 和 6-25 所示。

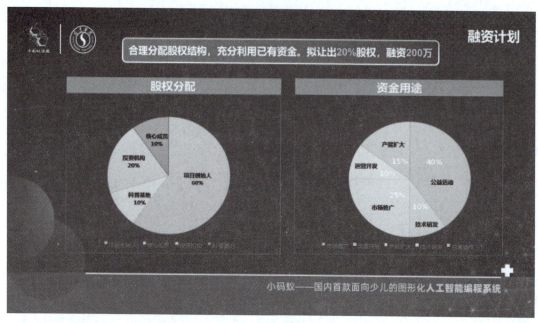

图 6-24　融资计划

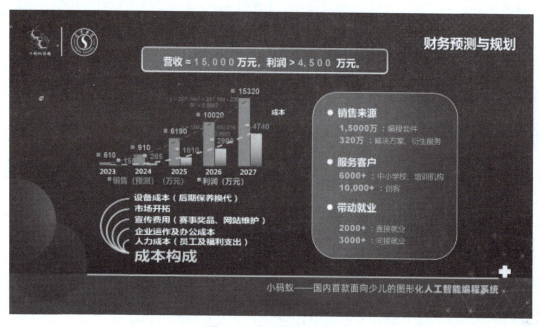

图 6-25　财务预测与规划

团队已经完成了小学教育课程体系，在 2023 年完成了中学教育课程体系，预计在 2029 年实现全国范围内的流通与使用，扩大产品的服务面。希望我们团队的努力可以让我国计算机科普教育事业如虎添翼，如图 6-26 和图 6-27 所示。

图 6-26　发展规划

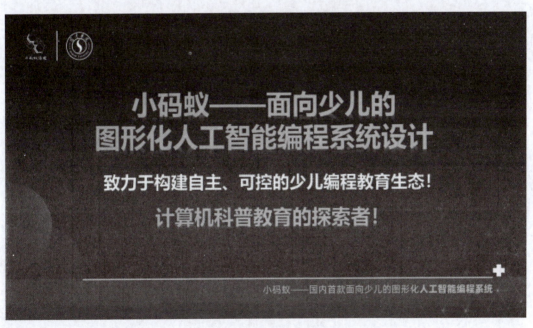

图 6-27　项目

第 7 章
"挑战杯"全国大学生课外学术科技作品竞赛

本章导读

本章详细介绍了"挑战杯"全国大学生课外学术科技作品竞赛的性质、参赛要求、大赛安排、参赛指南,并通过具体案例引导学生按照比赛要求完成比赛作品。

本章要点

- 参赛流程
- 案例分析

7.1　大赛简介

挑战杯是"挑战杯"全国大学生系列科技学术竞赛的简称,是由共青团中央、中国科协、教育部和全国学联共同主办的全国性的大学生课外学术实践竞赛,竞赛官方网站为 www.tiaozhanbei.net。"挑战杯"竞赛在中国共有两个并列项目:一个是"挑战杯"中国大学生创业计划竞赛(简称"小挑"),另一个是"挑战杯"全国大学生课外学术科技作品竞赛(简称"大挑")。这两个项目的全国竞赛交叉轮流开展,每个项目每两年举办一届。

7.2　参赛要求

"挑战杯"全国大学生课外学术科技作品竞赛(以下简称"'挑战杯'竞赛")是由共青团中央、中国科协、教育部、全国学联和地方政府共同主办,国内著名大学、新闻媒体联合发起的一项具有导向性、示范性和群众性的全国竞赛活动。自 1989 年首届竞赛举办以来,"挑战杯"竞赛始终坚持"崇尚科学、追求真知、勤奋学习、锐意创新、迎接挑战"的宗旨,在促进青年创新人才成长、深化高校素质教育、推动经济社会发展等方面发挥了积极作用,在广大高校乃至社会上产生了广泛而良好的影响,被誉为当代大学生科技创新的"奥林匹克"盛会。

下面主要参照第十八届"挑战杯"全国大学生课外学术科技作品竞赛章程进行介绍。

"挑战杯"全国大学生课外学术科技作品竞赛分为主赛道、"揭榜挂帅"专项赛和"黑科技"专项赛、红色专项赛。

1. 主赛道

主赛道面向当年 6 月 1 日以前正式注册的全日制非成人教育的各类高等院校在校专科生、本科生、硕士研究生(不含在职研究生)。作品应当是一个课外学术科技作品,具有独立的研究性、创新性和实用性。作品可以是一项研究成果、一项科技创新、一种新产品或新工艺等。主题应当具备一定的科技含量和创新性,能够体现出学生的科技创新能力和实践能力。可以涉及各个领域,如信息技术、生物医学、环境保护、新能源等。内容应当具备一定的实用性和创新性,能够解决某一具体问题或者提高某一领域的技术水平。作品可以包括理论研究、实验研究、技术设计、产品开发等。

2. "揭榜挂帅"专项赛

"揭榜挂帅"专项赛面向全日制非成人教育的各类高等院校在校专科生、本科生、硕士研究生(不含在职研究生),以个人或团队形式参赛均可,每个团队不超过 10 人,分为主体赛事自然科学类学术论文、哲学社会科学类调查报告、科技发明制作作品评比。每件作品可由不超过 3 位教师指导完成。可以跨专业、跨校、跨地域组队。每件作品仅由 1 所高校推报。

"揭榜挂帅"专项赛要求参赛项目选题应聚焦科技发展前沿和关键核心技术、哲学社会科学领域的重大课题和现实问题，具备科研攻关条件，具有实际应用价值。出题方应为赛事组织提供必要支持，为学生攻关答题提供必需保障，可为获奖团队提供有吸引力的奖励措施（如奖金、实习就业、实践调研、产教融合等），引领鼓励更多学科背景学生想参与、能攻关、做出彩。

3. "黑科技"专项赛

"黑科技"专项赛面向全日制非成人教育的各类高等院校在校学生，"黑科技"专项赛申报作品包括但不仅限于以下领域范围：解决"卡脖子"问题的实物或技术；针对前沿领域研究的实物或技术；具有高精尖技术的实物或技术；会改变人们生产生活方式的实物或技术；对现有科技成果具有一定颠覆性、超越性的实物或技术；让人感觉出人意料、震撼震惊的实物或技术；具有前瞻性、创新性、应用性（或应用前景）的实物或技术（包括但不限于人工智能、生命健康、脑科学、生物育种、新材料、新能源等前沿领域）；充满奇思妙想、脑洞大开的实物或技术；灵活创新运用学习接触到的科学知识研究的实物或技术；体现了严谨、开放的科学思维的实物或技术；能够巧妙地、创造性地解决"小"问题的实物或技术；具有一定创意性、趣味性的实物或技术。

4. 红色专项赛

红色专项赛的参赛对象是全日制非成人教育的各类高等院校在校学生，该赛道鼓励学生通过社会实践学习宣传贯彻党的二十大精神，感受新时代中国特色社会主义发展伟大成就；支持重走红色足迹、追溯红色记忆、访谈红色人物、挖掘红色故事、体悟红色文化，感受党的红色精神伟力；着重用新时代伟大成就、伟大变革的鲜活思想引领教材，引导青年通过返回家乡看变化、重走故地看新颜、深入乡村看振兴、走进一线看发展，从而深刻理解"两个确立"的决定性意义，以实际行动学习宣传贯彻党的二十大精神。

7.3 大赛安排

1. 学校班级组织发动阶段（2023 年 2 月—8 月中旬）

各高校"挑战杯"竞赛组织协调机构广泛组织发动学生参与理论学习、实践调研和交流分享。以团队或个人形式形成实践成果。团队学生人数不超过 10 人，指导教师人数不超过 3 人。学生实践成果可以是心得体会、调研报告、视频作品或其他丰富形式。支持学生依托近两年内（2021 年 7 月至今）参加过的符合要求的自身实践经历，经过沉淀提炼、深度思考，完成新的实践成果，参加到活动中来。8 月 20 日前，每所高校可推荐本校 40% 的优秀学生实践成果到省级团委"挑战杯"竞赛组织协调委员会，推荐的作品应当是既有短视频又有调研报告（两者为 1 件整体作品）的优秀作品。学生参加活动报备及作品提交方式另行告知。

2. 省级展示推荐阶段（2023 年 8 月下旬—9 月上旬）

省级通过优秀作品选拔、协调媒体传播等方式宣传推广学生们的实践经历和成果作品。9 月 10 日前，各省从省域内高校推荐的作品中择优推荐 40% 参加全国交流活动。推荐作品的基本要求为：短视频时长 5 分钟以内，应避免简单性叙述实践过程，着意于对新时代发展成就的理解、实践过程的收获、对党的情感认同，致力于能使同龄人引起共鸣、共同教育、共同成长，鼓励围绕发展故事、典型人物深度挖掘，形成有温度、易传播的视频（视频格式：MP4，视频分辨率：1280×720、1920×1080）；调研报告应既有事实叙述又有观点论述，符合真实性、思想性、简洁性的特征要求，字数在 5000 字和 10000 字之间。

3. 全国展示交流阶段（2023 年 9 月中旬—10 月）

针对各省推荐的作品，组委会将组织专家评审遴选出 500 件左右红色教育意义强，创新性、学术性、感染力、传播力好的优秀作品，评出其中约 50% 为三等奖作品，其余约 50% 进入答辩问询环节。短视频和调研报告的考查权重分别为 55%、45%。

组委会将组织专家评委开展答辩问询，作品负责学生应向评委介绍实践过程和成长体会、展示实践成果。结合答辩情况，选出 500 件左右优秀作品中的约 5% 为特等奖作品、约 15% 为一等奖作品、约 30% 为二等奖作品。

此外，组委会将搭建云上"红色课堂"，将 500 件左右优秀作品中的短视频在云上集中展示，向青少年提供"红色教材"，支持视频创作者与青少年、青少年之间的云上互动交流，着意将评论区转化为"红色课堂互动区"，将评论交流过程转化为红色精神碰撞学习过程。组委会将适时根据视频点赞数、评论数、精华评论情况等评定 100 件"最具感染力奖"作品。

7.4　大赛指南

1. 参赛宗旨
崇尚科学、追求真知、勤奋学习、锐意创新、迎接挑战。

2. 竞赛目的
引导和激励高校学生实事求是、刻苦钻研、勇于创新、多出成果、提高素质，培养学生的创新精神和实践能力，并在此基础上促进高校学生课外学术科技活动的蓬勃开展，发现和培养一批在学术科技上有作为、有潜力的优秀人才。鼓励学以致用，推动产学研融合互促，紧密围绕创新驱动发展战略，服务国家经济、政治、文化、社会、生态文明建设。

3. 竞赛基本方式

高等学校在校学生申报自然科学类学术论文、哲学社会科学类社会调查报告、科技发明制作三类作品参赛；聘请专家评定出具有较高学术理论水平、实际应用价值和创新意义的优秀作品，给予奖励；组织学术交流和科技成果的展览、转让活动。

4. 比赛资格

凡在举办竞赛终审决赛的当年 6 月 1 日以前正式注册的全日制非成人教育的各类高等院校在校专科生、本科生、硕士研究生（不含在职研究生）都可申报作品参赛。

5. 注意事项

（1）参赛作品必须由两名具有高级专业技术职称的指导教师（或教研组）推荐，经本校学籍管理、教务、科研管理部门审核确认。每件作品可由不超过 3 名教师指导完成。作品完成全国竞赛申报后，作品题目、作者、指导教师等关键信息不得变动。

（2）申报学校签订承诺书，承诺作品符合"挑战杯"竞赛申报作品的要求，接受竞赛组委会检查。

7.5　案例简介

基于上述对"挑战杯"全国大学生系列科技学术竞赛的赛事规则介绍，本章以杨康带领的团队获第十八届"挑战杯"全国大学生课外学术科技作品竞赛"黑科技"专项赛省"行星"级项目——"新型智能滑轮式拐杖——驭'波'预'障'、'救'在身边、伴'老'同行，欧阳思琪带领的团队获第十八届"挑战杯"全国大学生课外学术科技作品竞赛"黑科技"专项赛省"卫星"级项目——"面向人工智能的图形化少儿编程系统研制"和"揭榜挂帅"专项赛案例分析——"高产量蛋鸡选择与守护系统设计"三个项目为例介绍选题、课题材料的准备与展示。

7.6　案例分析

7.6.1　挑战杯"黑科技"专项赛——新型智能滑轮式拐杖

随着中国人口老龄化程度不断加深，老年人口逐渐增多，腿脚不便的空巢老人在独自出行时容易发生绊、摔、碰倒等安全问题。因此有必要设计一款具有实用性、实惠的、真正智能的拐杖。本项目设计以老人身体状态为核心的基于窄带物联网的智能拐杖，使用嵌入式技术、传感器技术和执行部件，通过检测拐杖自身状态及周围环境，实现对老人出行是否摔倒，前方有无障碍物进行全面的综合监控；通过 NB 定位服务技术，同时使用微信小程序后台显示老人当前的位置和状态等，为老人提供远程监控和保护，并采用了滑轮式的创新结构设计，帮助老人减轻手臂的负担，节省体力。

1. 项目背景

随着时代的发展，我国老龄化程度逐渐加深，预计到 2025 年，我国 60 岁以上的老年人口将达到 3 亿，而伴随着社会抚养比的失调，子女照顾老人耗费时间长、消耗精力大、花费成本高，无法完全顾及家中长辈，老人出行会出现绊、摔、碰倒等安全问题，因此有必要设计一款具有实用性、实惠的、真正的智能拐杖，如图 7-1 所示。

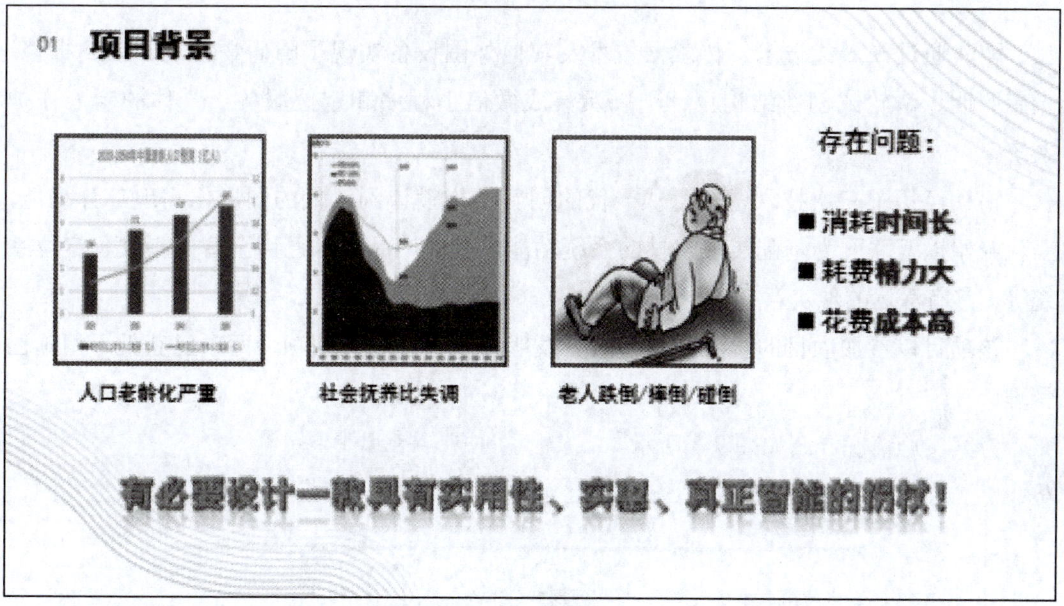

图 7-1　项目背景

2. 项目解决方案

基于上述背景，在指导教师的帮助下，杨康带领团队成员成立了"驭'波'预'障'、'救'在身边、伴'老'同行"项目。该项目为了解决提出的问题，团队会通过"科技创新、功能多样、价格实惠、省心省力"的指导方针去实施项目，如图 7-2 所示。

针对解决方案中遇到的实际问题介绍我们的方案实施，主要有三个小点：整体框架、技术路线、功能展示。整个作品的总体框架分为人机交互系统、NB 通信服务、手杖终端三大部分。

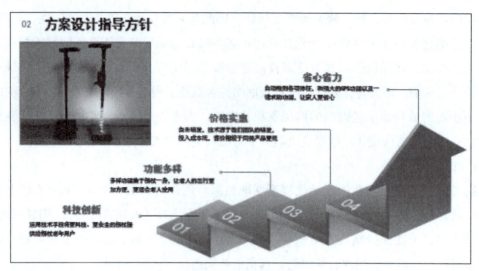

图 7-2　项目解决方案

团队通过嵌入式技术、传感器技术及其他外围设备实现了障碍物检测、跌倒报警、光感照明、滑轮式创新结构设计，以及集成微信小程序和定位服务于一体的老人守护系统。

拐杖经历了三次技术迭代，从一代的创新结构设计到二代的图形化实现部分功能，三代开始以互联网为基础实现拐杖的系统功能。目前产品技术已用至智慧拐杖、定位系统等，具有深远的现实意义。

该项目以参加项目的学生团队为第一发明人申请了专利四项，两项已获批，两项已受理。

方案实施情况介绍如图 7-3 所示。

图 7-3（一）　方案实施情况介绍

04 **技术路线及系统方案**

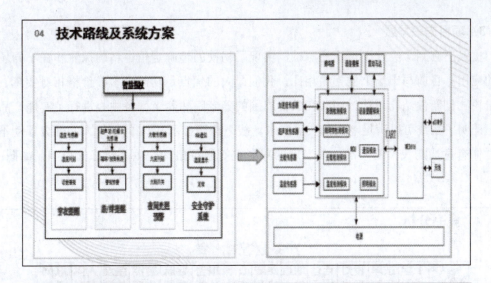

06 **系统功能展示**

集成**嵌入式技术、传感器技术**，结合外围执行部件，实现拐杖智慧功能。

1. **障碍物检测**
通过超声波检测，若存在障碍物则通过拐杖手握处震动马达进行反馈。

2. **跌倒报警**
通过超声波检测及陀螺仪检测是否摔倒，若摔倒，通过蜂鸣器以及语音传感器发出警报寻求周围人群帮助。

3. **光感照明**
通过光敏电阻检测环境明暗，实现自动开关灯。

4. **滑轮助行**
利用滑轮，辅助老人前进，摆脱一走一拿，帮助老人节省体力

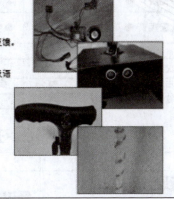

07 **系统功能展示**

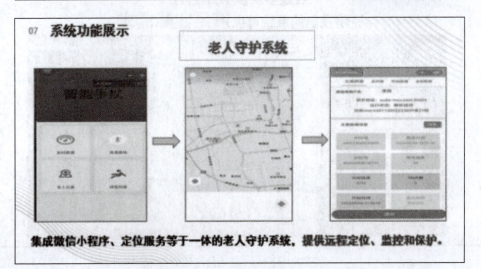

集成微信小程序、定位服务等于一体的老人守护系统，提供远程定位、监控和保护。

图 7-3（二） 方案实施情况介绍

3. 项目未来发展

实践出真知，经过上百次的测试，实现了拐杖的精确定位、精确探测和在不同场景中的应用。目前与市场上的拐杖相比，我们最大的优点是功能众多、价格相对实惠、具有滑轮式创新性结构设计。团队在学校周围的养老院和养老服务中心进行了实地产品应用，证明了系统可以满足老人的实际需求。线下调研显示 92% 的老年人和部分行动不便的群体有意选购我们的产品，在当地的养老院等服务机构产生了较好的反响，如图 7-4 所示。

10 **竞品分析**

产品分析对比表

功能\版本	工学减震	按摩手垫	夜灯反光	语音提示	地盘省力	路障检测	心率步数	报警功能	导航功能	智能光照	温湿检测	人体温度	联网系统
市场版	●	×	×	×	×	×	×	×	×	×	×	×	×
基础版	●	●	●	●	×	×	×	×	×	×	×	×	×
高配版	●	●	●	●	●	●	●	●	●	●	●	●	●

配置材料	手柄材料	杖身材料	脚垫底座	内部减震	智能提示
市场常见款式	PU	铝合金、木材	木材、塑料	无	无
智能健康滑轮式拐杖	ABS	铝合金	万向滑轮	稳固底盘	多功能一体

功能众多、价格相对实惠、滑轮式创新结构设计

11 **社会认可**

图 7-4（一） 应用情况证明

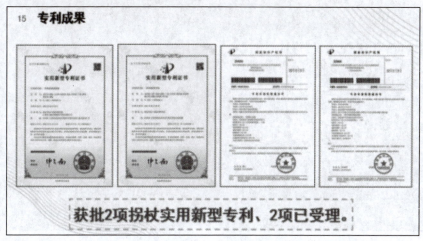

图 7-4（二） 应用情况证明

期望我们的努力可以真正为老年人出行和生命安全一路保驾护航。

7.6.2 挑战杯"黑科技"专项赛——"面向人工智能的图形化少儿编程系统研制"

1. 项目背景

从近几年调研的中国少儿编程教育行业市场与投资情况来看，图形构建化平台不仅可以用来进行编程教育，还可以深入进行实际应用，提升学生自主设计工程项目的能力，进行科学实验研究，激发创造热情。随着时代发展，各个行业都离不开编程和人工智能的参与。少儿编程普及率每年都有 2%～3% 的增长，市场前景广阔。在教育部给校外培训机构的转型方案中明确指出：编程和人工智能是未来的必备技能，需要增加科学创造类课程占比。

通过调研大量的文献报告和时政新闻发现，图形化少儿编程系统研制主要存在以下三个问题：

（1）"卡脖子"现象严重。国内图形化编程大多基于国外 Scratch 平台，芯片依赖国外进口，有对中国限购的情况。长此以往，国内编程教育可能会被国外垄断。

（2）编程学习难。市场上的编程软件大多是通过代码的形式来进行学习，编程学习的难度较大，不利于学生理解。

（3）工程开发难、周期长。程序封装的可移植性较低，实现模块化较为困难，这使得工程开发程序烦琐且周期较长。图 7-5 所示为"图形化少儿编程系统"项目背景相关展示。

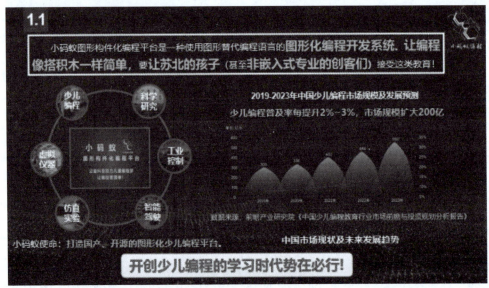

图 7-5（一）　"图形化少儿编程系统"项目背景相关展示

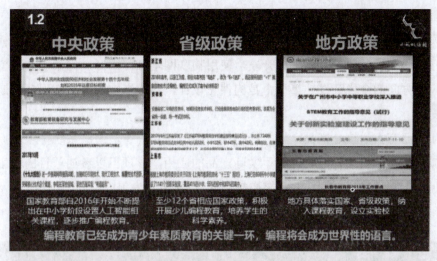

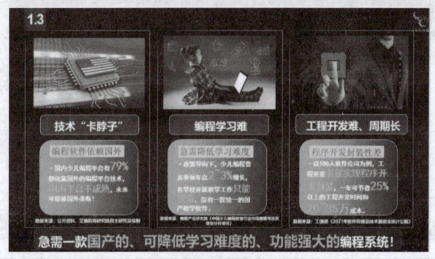

图 7-5（二） "图形化少儿编程系统"项目背景相关展示

2. 项目解决方案

图形化编程是将枯燥的模型、数据、编程语言通过模块化的图像呈现出来，以代码的外形和颜色来区分功能，像玩拼图和积木一样来组装程序，而我们的项目不仅可以通过拖拽等方式像玩拼图和积木一样来组装程序，而且能在积木旁显示和修改代码，最后将程序烧录进实际产品中。我们经过多次图形化编程开发积累，提炼了共性技术，封装核心功能，融入了国产芯片和国产实时操作系统，推出国产、开源的图形构件化编程平台、硬件设备和课程体系。产品不仅可以用来进行基础编程教育，还能进行深度的开发研究。

该项目主要包括四个核心技术：第一个是构件化技术，通过面向功能模块提出构件化设计，提高开发效率，降低成本；第二个是嵌入式交叉编译技术，将自动生成的源代码程序利用交叉编译器生成可执行代码；第三个是程序烧录技术，将可执行文件烧录至终端设备中；第四个是控件代码生成技术，利用图标与图标之间的连线将控件所得的文本代码插入到源代码文件中的正确位置。

该项目的技术创新主要有三个:第一个是双模式编程,既可以进行图形化编程,也可以进行代码编程;第二个是全栈开发,使用物联网垂直应用开发框架,实时覆盖所有物联网应用方向的全栈开发;第三个是构件化设计,通过拖拽控件来实现多种嵌入式应用的开发。

该项目已有大量核心产品,如智能拐杖、智能冰箱、智能灌溉系统等项目原型,我们将虚拟的搭积木组装程序转化成了实际产品的应用。该项目以参加项目的学生团队为第一发明人申请了多项专利,并且核心板 GEC 芯片技术为国内首创。图 7-6 所示为"图形化少儿编程系统"项目解决方案相关展示。

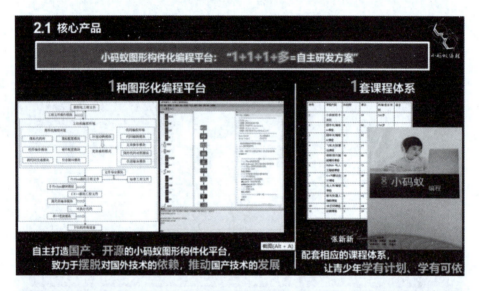

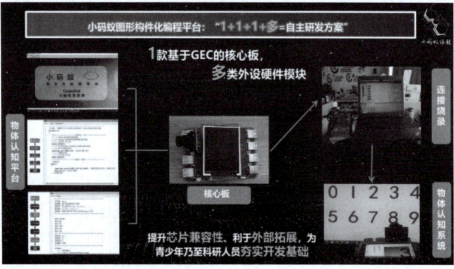

图 7-6(一) "图形化少儿编程系统"项目解决方案相关展示

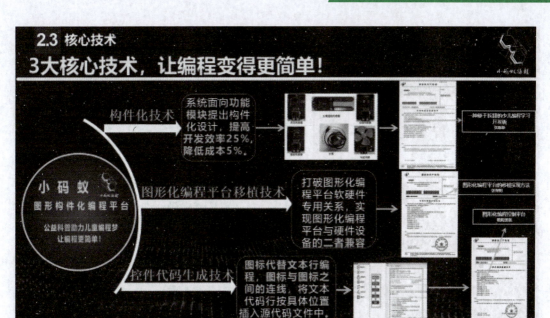

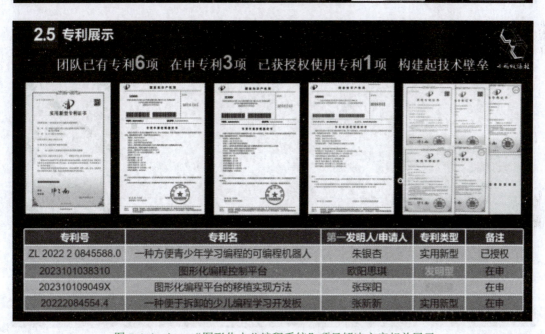

图 7-6（二）　"图形化少儿编程系统"项目解决方案相关展示

3. 项目未来发展

　　该作品为图形构件化人工智能教育系统，使用软硬件构件化编程，拥有自主知识产权，设计具有独创性。对对于嵌入式人工智能有兴趣的初学者来说可以降低嵌入式开发的门槛，尤其是高中生、大学生等能更简易地学习嵌入式人工智能开发。系统配备的微控制器功能丰富、价格便宜、体积较小，用户可以自行开发更多的应用，在未来具有较好的应用前景。图 7-7 所示为"图形化少儿编程系统"项目未来发展相关展示。

图 7-7 "图形化少儿编程系统"项目未来发展相关展示

7.6.3 "揭榜挂帅"专项赛——"高产量蛋鸡选择与守护系统设计"

1. 项目背景

为了积极响应《中共中央、国务院关于全面推进乡村振兴加快农业农村现代化的意见》和《中共中央、国务院关于做好 2022 年全面推进乡村振兴重点工作的意见》等中央一号文件的内容,准确落实"藏粮于技"的战略方针,将中国人的饭碗牢牢端在自己手里,本项目从蛋类粮食产品入手，针对如今鸡蛋产能不足等问题进行研究分析，设计出能筛选出鸡舍中产能较高的蛋鸡并对其生活环境进行良好守护的系统。

不论是国内还是国外在高产量蛋鸡的选择方向上都鲜有研究，所以本设计致力于将高产量蛋鸡的选择和现有的智慧养殖场的功能相结合，对现有智慧蛋鸡养殖的功能进行优化创新。由于国内大多是中小型养殖企业，还需要采用较为廉价的设备来降低成本，以此解决国内蛋鸡养殖业智能化普及率低、功能不全面的问题。

2. 项目解决方案

基于上述背景，在指导教师的帮助下，金伟带领团队成员成立了"蛋鸡守护"项目。该项目为解决上述问题，采用了嵌入式技术、传感器技术、RFID 射频技术等多种市场上较为成熟且完善的技术，创新性地设计出了一款能自动识别鸡舍中高产量蛋鸡的产品。下面给出本项目的成果展示。

（1）RFID 射频读卡功能。当蛋鸡进入鸡舍时，绑在鸡右侧的 ID 卡会被鸡舍门口的 RC-522 射频模块读取到，屏幕上会显示出此蛋鸡的 ID 和编号。若该蛋鸡进入鸡窝下蛋会开启"高产蛋鸡选择功能"；若没有则会保持显示一段时间，而后取消显示。结果图如图 7-8 所示。

图 7-8　射频卡读取

（2）高产蛋鸡选择功能。当蛋鸡进入鸡舍且进到鸡窝上时会启用该功能模块。鸡窝上配有压力传感器，当压力传感器检测到鸡窝上有蛋鸡时会开启筛选功能的标志位，然后开启计数功能，对此次下蛋的蛋鸡进行计数。结果图如图 7-9 所示。

图 7-9　蛋鸡选择

（3）Wi-Fi 无线传输功能。鸡舍会定期向客户端发送当前鸡舍的温湿度和蛋鸡选择的数据。

（4）自动喷水功能。当采集到的温度大于 30℃或湿度小于 30%RH 时，继电器会自动吸合，开启喷灌器，为鸡舍降温。结果图如图 7-10 所示。

图 7-10　喷灌系统

（5）超声波光照控制功能。当超声波模块检测到有人接近时，继电器会自动吸合，开启电灯，为管理人在室内照明。结果图如图 7-11 所示。

图 7-11　光照感应

（6）LED 光色的控制。光色对于肉 / 种鸡的生长和生殖有十分显著的影响。在种鸡方面，以红色光和蓝色光的影响尤为突出，蓝色光能够显著地延迟蛋鸡的性成熟，并降低产蛋量；红色光则能够明显地增加产蛋量。实验选取了功率为 6W 的红色 LED 作为鸡舍的光源，对生长期内的种鸡进行照射，如图 7-12 和图 7-13 所示。

图 7-12　LED 光色控制 1

图 7-13　LED 光色控制 2

3．项目未来发展

　　未来，随着智能化产业的发展，智慧养殖会得到极大的普及，同时养殖户的养殖成本也会随之下降。本项目作为一款填补了市场空白的创新产品，目前已经有许多养殖场表达了对此产品的期待，其市场前景非常可观。

第 8 章
"挑战杯"中国大学生
创业计划竞赛

本章导读

本章详细介绍了"挑战杯"中国大学生创业计划竞赛的性质、参赛要求、大赛安排、参赛指南,并通过具体案例引导学生按照比赛要求完成比赛作品。

本章要点

- 参赛要求
- 大赛安排
- 案例分析

8.1　大赛简介

"挑战杯"中国大学生创业计划竞赛（简称"小挑"）又称商业计划竞赛，是风靡全球高校的重要赛事。为了促进高校学生将所学知识与经济社会发展紧密结合，培养和提高创新、创意、创造、创业的意识和能力，促进高校学生就业创业教育、创业实践活动的蓬勃开展，发现和培养一批具有创新思维和创业潜力的优秀人才，帮助更多高校学生通过创业创新的实际行动推进大众创业万众创新。下面主要参照第十三届"挑战杯"中国大学生创业计划竞赛实施方案进行介绍。

8.2　参赛要求

普通高校学生：在举办竞赛决赛的当年 6 月 1 日以前正式注册的全日制非成人教育的各类普通高等学校在校专科生、本科生、硕士研究生（不含在职研究生）；硕博连读生、直接攻读博士生若在举办竞赛决赛的当年 6 月 1 日前未通过博士资格考试的，可以按硕士研究生学历申报作品；没有实行资格考试制度的学校，前两年可以按硕士研究生学历申报作品；本硕博连读生，按照四年、二年分别对应本、硕申报。博士研究生仅可作为项目团队成员参赛（不作项目负责人），且人数不超过团队成员数量的 30%。

职业院校学生：在举办竞赛决赛的当年 6 月 1 日以前正式注册的全日制职业教育本科、高职高专和中职中专在校学生。

参赛项目应有较高立意，积极践行社会主义核心价值观；应符合国家相关法律法规规定和政策导向；应为参赛团队真实项目，不得侵犯他人知识产权，不得借用他人项目参赛；存在剽窃、盗用、提供虚假材料或违反相关法律法规的，一经发现将取消参赛相关权利并自负一切法律责任。

"挑战杯"创业计划竞赛的参赛形式均以学校为单位统一申报，以项目团队形式参赛，每个团队人数原则上不超过 15 人，每个项目指导教师原则上不超过 5 人。"挑战杯"的项目申报材料包括项目申报表和项目创业计划书（也称商业计划书、项目计划书等），项目申报表包括项目基本情况和项目的简要概述，大致分为项目简介、社会价值、实践过程、创新意义、发展前景等部分；创业计划书则是项目的详细计划书，需要分模块、系统地介绍参赛项目，是一个可落地的产物。已获往届"挑战杯"中国大学生创业计划竞赛、"创青春"全国大学生创业大赛、"挑战杯——彩虹人生"全国职业学校创新创效创业大赛全国金奖（特等奖）、银奖（一等奖）的项目，不可重复报名。

8.3 大赛安排

大赛分校级初赛、省级复赛、全国决赛。校级初赛由各校组织,广泛发动学生参与,遴选参加省级复赛项目。省级复赛由各省(自治区、直辖市)组织,遴选参加全国决赛项目。全国决赛由全国组委会聘请专家根据项目的社会价值、实践过程、创新意义、发展前景和团队协作等综合评定金奖项目、银奖项目、铜奖项目。大赛期间组织参赛项目参与交流展示活动。

每个学校选送参加全国大赛的项目总数不超过 6 件。其中,每个组别至多 2 个;每人(每个团队)限报 1 个;每个参赛项目只可选择参加一个组别,不得兼报。参赛作品须经过校级组委会进行资格及形式审查和初步评定,方可上报省赛组委会。各高校选送全省竞赛的作品数额由省赛组委会统一确定。全国组委会将通过赛事相关活动遴选若干优秀项目,经全国评审委员会评定给予直接进入全国决赛机会(不占每校 6 个项目名额)。

比赛流程如下:

(1)校级初赛(2022 年 5 月底前)。由各校组织,广泛发动学生参与,遴选参加省级复赛项目。校赛参赛项目需在赛事官方平台统一填报。

(2)省级复赛(2022 年 6 月底前)。由各省级团委举办,按照分配名额(全国 1000 个)遴选参加全国决赛的项目,在赛事官方平台完成项目审批申报。

(3)全国决赛(2022 年下半年)。全国共有 1500 个项目进入全国决赛。其中,1000 个名额由省级团委确定(具体名额分配见附件 3),300 个名额面向在赛事组织、学生参与、宣传发动等方面表现突出的学校直接分配,200 个名额通过"国赛直通车"评审分配("国赛直通车"实施细则与上届保持不变)。

8.4 大赛指南

1. 大赛主题
喜迎二十大,挑战创未来。

2. 竞赛分组
设科技创新和未来产业、乡村振兴和农业农村现代化、社会治理和公共服务、生态环保和可持续发展、文化创意和区域合作五个组别。

3. 竞赛对象
面向普通高校学生和职业院校学生分别进行竞赛评选。

4. 赛程安排

大赛设校级初赛、省级预赛、省级决赛。

5. 评审要点

突出实践导向，在考察项目商业价值的基础上，更加注重考查学生了解社会现状、关注社会民生、解决社会问题的意识、能力和水平，具体包括项目的社会价值、实践过程、创新意义、发展前景和团队协作等方面。

6. 奖项设置

竞赛设项目金奖、银奖、铜奖，由全国决赛统一评定。设学校集体奖（挑战杯、优胜杯），按所推报项目获奖名次赋分，核算总分后评定。根据组织情况，设学校优秀组织奖（与挑战杯、优胜杯不重合）、省级团委优秀组织奖。

7. 大赛平台

竞赛统一开发融参赛报名、活动开展、项目评审、展示交流等功能于一体的赛事官方平台，各省份、各高校可同步依托该平台举办省赛、校赛。相关资讯将通过团中央青年发展部官方微信公众号"创青春"发布。

8.5　案例简介

随着城市化进程的不断加速，车辆数量逐年攀升，导致城市停车难问题日益严峻。共享车位锁应运而生，利用智能化管理方式实现车位资源的共享，有效缓解城市停车难题并提高车位利用效率。我们的团队已成功开发了一套共享车位锁系统，利用物联网技术，广泛推广并应用于多个城市，取得了显著成效。共享车位锁的引入为解决城市停车难问题作出了积极贡献。

8.6　案例分析

本章内容以"挑战杯"中国大学生创业计划竞赛中的社会治理和公共服务类作品为对象介绍选题、课题材料准备与展示的相关内容。

8.6.1　大赛选题

大赛分组：完整、准确、全面贯彻创新、协调、绿色、开放、共享的新发展理念，设立五个组别。

（1）科技创新和未来产业。绕创新驱动发展战略，推动数字经济健康发展，在智能制造、信息技术、大数据、人工智能、生命科学、新材料、军民融合等领域，结合实践观察设计项目。

（2）乡村振兴和农业农村现代化。围绕实施乡村振兴战略，在农林牧渔、电子商务、乡村旅游、城乡融合等领域，结合实践观察设计项目。

（3）社会治理和公共服务。围绕国家治理体系和治理能力现代化建设，在政务服务、消费生活、公共卫生与医疗服务、金融与财经法务、教育培训、交通物流、人力资源等领域，结合实践观察设计项目。

（4）生态环保和可持续发展。围绕可持续发展战略和碳达峰碳中和目标，在环境治理、可持续资源开发、生态环保、清洁能源应用等领域，结合实践观察设计项目。

（5）文化创意和区域合作。突出共融、共享，紧密围绕"一带一路"和京津冀地区、长三角地区、成渝地区、粤港澳大湾区等经济合作建设，在工业设计、动漫广告、体育竞技和国际文化传播、对外交流培训、对外经贸等领域，结合实践观察设计项目。

下面针对社会治理和公共服务类，结合历年获奖案例给出部分建议。

1. 选题原则

评审要点：突出实践导向，在考察项目商业价值的基础上，更加注重考查学生了解社会现状、关注社会民生、解决社会问题的意识、能力和水平，具体包括项目的社会价值、实践过程、创新意义、发展前景、团队协作等方面。

为了在"挑战杯"竞赛中获胜，参赛作品的选题至关重要，就像农民没有好种子，怎么辛苦也得不到好收成。那么什么才是好的选题呢？简单的回答就是能打破现有市场需求和学术科技供给平衡的新理论、新技术或是新的观察分析问题的观点。社会治理和公共服务类的选题，应从社会需求、创新性、实用性、可行性等方面来考虑。下面我们将从社会需求、创新性、实用性、可行性等方面来详细介绍社会治理和公共服务类选题应注意的方面。

（1）社会需求。选题应与当前社会中存在的问题密切相关，能够解决或缓解一定的社会需求。想要考虑到这一原则，则选题应关注当前的社会热点和关注焦点，探索与其相关的问题和解决方案；选题前应充分调研市场需求，了解社会上的问卷调查、民意测评、社会反映等信息，以此为依据选择合适的题目。选题还应紧密联系社会实际，注重理论与实践的结合，不断推进社会进步和发展。

（2）创新性。选题应具有创新性，能够提出新颖、有效的解决方案，对现有问题有新的理解和思考。创新性可以从挖掘新领域、创新解决方案、整合资源创新、引导创新思维等方面入手。

（3）实用性。选题应具有一定的实用性，能够对社会产生积极影响和推动作用，具有实际可行性。具体来说，首先是实现应用价值，即选题要注重实现应用价值，着重探讨实践经验和应用效果，避免陷入理论空谈；其次是实践性研究，即强调将理论知识转化为实际的行动和解决方案，密切结合实际情况；再者是要避免浮夸情绪，即选题要避免夸大研究成果，不陷入浮夸情绪，始终保持客观公正的态度和研究取向；最后是要实事求是，即在进行选题研究时，应始终秉持实事求是的科学精神，依据研究结果来明确解决问题的合理性，并根据实际效果适时进行修正。

（4）可行性。选题应考虑到实际的可操作性和执行难度，确保能够顺利完成，并有望获得一定成果。

2. 选题方向

社会治理和公共服务类课题的来源是十分广泛的，选题的途径也有很多，概括起来主要包括以下几个途径：

（1）从社会发展需要或当前社会热点的角度来选题。社会治理和公共服务类课题应该是对社会发展有益处的，是社会发展所迫切需要的。如新能源利用技术及产品、绿色环保技术及产品、人工智能技术及其应用等，从这些突出的实际问题中选择课题是科学研究的重要任务，所以这类课题的社会价值往往也比较高。

（2）从专业应用实践的角度来选题。我们会在课程实验、课程设计、毕业实习、毕业设计等专业实践环节中遇到大量需要得到解决的实际问题，只要细心留意，就能结合自己的实践提出许多值得研究的问题，从中即可选择提炼出大量的课题，且选出的课题往往具有很强的针对性，具有较高的实用价值。

（3）从学科交叉的角度来选题。日本学者指出"综合即是创新"，在现代科学综合发展的趋势下，各学科之间的交叉领域涌现出了大量的值得开拓的新问题。以互联网和人工智能为代表的新兴技术，与人文科学、社会科学、自然科学、各种工程学科等结合，已经形成了"互联网＋"和"人工智能＋"的交叉融合生态，我们可以从不同学科交接点的角度来选题，运用多学科的理论和方法让科技发明制作得到有效的深化，从而获得较好的成果。

3. 案例选题

选题应紧跟社会热点问题，同时注重自身积累，如选题为《易享停车》，旨在利用共享经济模式改善城市停车难题。

本项目聚焦于"城市停车资源利用优化"领域，布局智慧交通，用科技赋能交通行业，助力城市发展新征程。它具有很好的社会价值。首先，共享车位锁可以提高停车资源的利用率，缓解城市停车难题，改善交通拥堵情况，提升居民出行便利性。其次，该项目创造了就业机会，促进了共享经济发展。通过共享车位锁平台，人们可以分享自己的停车位，获得收入，同时也为他人提供便捷的停车场所。最后，该项目还具备网络传播和宣传的潜力，可以通过在线平台和社交媒体进行推广，让更多人了解和使用共享车位锁。

团队中拥有专门从事交通规划和智慧城市建设的专家和工程技术人员，为该项目的技术研发和推广提供了强大的支持。我们相信，共享车位锁将为城市交通领域带来创新突破，为建设现代化交通体系贡献力量。

8.6.2 作品申报书写作

1. 作品申报书概况

对于社会治理和公共服务类作品，需要填写项目名称、项目类型、项目分组、团队成员、指导教师、项目简介、社会价值、实践过程、创新意义、发展前景、团队协作、项目介绍材料及其他相关证明材料。

对于封面和申报者情况部分，主要是参赛者和作品信息，据实填写即可，尤其需要注意的是"作品名称"和"申报作品全称"应该一致。作品名称是评审专家对作品的第一印象，好的作品名称可以吸引评委，使评委更有兴趣了解作品本身。作品名称选取时应做到：

（1）作品名称能够直观反映作品内容。

（2）正确、清晰、简明扼要地阐述科研主题思想。

（3）作品名称要准确地使用关键词和主题词。

（4）体现科学性和先进性。参赛作品的科学性、先进性要在其名称中有所体现，主要通过一些突出作品特点或研究方法特点的修饰词来实现。

（5）作品名称要有一定的深度和内涵。

2. 申报作品情况

该部分是申报书的主体部分，基本上涵盖了作品的所有信息，主要包括社会价值、实践过程、创新意义、发展前景、团队协作，要求是字数均不超过 500 字。

项目简介抓住核心点社会问题是什么、解决方案是什么、实践成果有哪些，概述为什么做、怎么做的、实践成果如何。社会价值的核心点包括对社会的贡献，产生的积极变化、凸显有价值的成效和社会影响力，概述解决了哪些问题，带来了怎样的经济发展，为农村群众、弱势群众、社会治理、乡村建设等带来怎样有效的变化等。实践过程的核心点包括对关键的时间点、核心事迹要重点描述，概述项目过程中进行的各项主要实践活动及形成的产业链，实践活动包括产品研发、营销策略、调研实践、技术研究、社会服务等。创新意义的核心点包括技术、模式、管理、内容的创新性，凸显创新程度，提出的创新点可以促进目前哪些内容的升级、优化和提升等，概述技术或模式创新要体现创新程度如何、有怎样的提升、带来了哪些有效改变等。发展前景的核心点包括技术或模式有优势、市场可行和容量大、政策有支持、资金和人员可持续，概述技术或模式具有的优势和市场优势比同类产品更具竞争力，贯彻政策支持，能为解决当下社会问题作出贡献。团队协作的核心点是团队成员简要介绍（包括负责学生和团队核心学生的介绍，主要介绍有成果的学生）和专创融合（专业教育和创新创业教育的契合度）等，注意不要把所有的成员和老师都写上，选取主要的来写即可，只有 500 字的发挥空间，注意不要跑偏，概述团队成员具体分工和负责什么事项、专业特长、相关领域有什么成绩。下面是各项写作的评分细则。

（1）社会价值。项目结合社会实践、社会观察，履行社会责任的做法与成效；在科技创新、乡村振兴、社会民生、生态环保、交流合作等方面的社会贡献度；在未来持续吸纳、带动就业的能力等。

（2）实践过程。项目通过深入社会、行业、实验场所、实训基地，开展调查研究、试点运营、试验论证，获得实践成果；项目成果对于了解社会现状、掌握第一手资料、解决社会问题等具有参考价值。

（3）创新意义。项目在科学技术、社会服务形式、商业模式、管理运营、应用场景等方面的创新程度；创新成果对于赋能传统产业，解决社会问题，助力形成新产业、新业态、新模式有积极意义。

（4）发展前景。项目在商业模式、营销策略、财务管理、发展战略等方面设计完整、合理、可行；目标定位和市场分析清晰，有前瞻性；盈利能力推导过程合理，能够实现可持续发展，前景乐观。

（5）团队协作。团队成员了解社会现状、关注社会民生，具备一定的解决社会问题的能力和水平；团队成员的专业背景、创业意识、创业素质、价值观念与项目需求相匹配；团队组织架构和分工合理，凝聚力、执行力、整体竞争力强。

针对某一社会现象或现状，阐述作品设计和研究的目的，要做到语言准确，立论依据充分，论证体系完善且条理清晰。要体现社会价值需要做到以下几个方面：

（1）对社会问题的解决。很多项目都是围绕解决社会问题而展开的。例如，环保项目可能有助于减少污染物的排放，提高环境质量，提高居民健康水平；教育项目可能有助于提高人民文化素质，促进社会稳定和经济发展。

（2）对经济的促进。一些项目可能在经济层面有巨大的推动力。例如，支持企业增强竞争力的项目有助于带动产业升级和增加就业机会，社区开发计划有助于提升住宅房产价值和促进社区商业流通。

（3）对人民福利的提升。社会福利项目不仅仅对全社会都有益处，对那些较为弱势的群体和个人更有帮助。例如，养老保险、医疗救助等项目有助于解决医疗、养老等方面的困难问题，为人民提供更贴心、更便捷的服务和保障。

　　（4）对公共环境的改善。城市管理和公共设施项目有助于改善公共环境，促进城市文明、秩序的建设，提升社区水平。评委专家往往根据这些要素进行评议。同时，论证材料中的实际调查数据和资料会使参赛课题更加生动、更有特色、更具有说服力。在进行这部分内容的编写时，一定要注意论述的条理性，做到思路清晰、简明扼要、图文并茂地表达出作品发明、设计的目的和意义。

　　作品创新点、技术关键和主要技术指标部分。作品创新点、技术关键和主要技术指标旨在将作品的创新价值和技术价值直观地反映给评委，是申报书的重要部分。作品的创新主要包括以下内容：

　　（1）研究思路上的创新。在研究思路上另辟蹊径、在科学研究上选取一个全新的角度去看待问题是对作品最重要的创新要求。如"学习影像专家决策思维的乳腺癌辅助诊断系统"这一课题，其从影像统计学的角度解决医学难题，从多学科的交叉点入手，即是在研究思路上有所创新。

　　（2）研究内容上的创新。对于普遍研究的热点问题，从侧面入手研究其相关的其他问题。如在研究硬件存储系统的容量和吞吐率的基础上，研究硬件存储系统的功耗问题，这就是研究内容上的创新。

　　（3）研究方法上的创新。比如同样解决视频数据检索问题，不是像别人那样用视频标注的方法，而是采用为视频建立概念索引的方法，这就是手段上的创新，它是作品应该具备的一个基本条件。

　　在进行作品创新点的撰写时，要注意根据作品的实际情况，明确地体现出作品在研究思路、研究内容和技术手段上的创新，将创新点清晰地罗列出来，让评委容易看到。同时要注意，创新点要能真正地反映出作品的创新性，千万不要将非创新的信息滥竽充数地加上去，评委都是在此行业钻研数十年的专家，会清楚地知道是不是创新点，在这种地方投机取巧往往会得不偿失。

　　作品评审、鉴定、获奖及专利申报情况等部分。据实填写本作品所获奖项、已申报或授权的专利（尤其是发明专利）、发表的论文等量化成果，且将成果由高等级到低等级排序。

　　研究报告部分作品申报书必须是说明文的形式，做到结构简明、完整、准确、规范。结构是指文章的逻辑架构合理、条理清晰，使评审专家可以感受到参赛者的思路，并沿之进行思考；简明是指语言上的简约明了，不重复、不赘述，让评审专家可以轻易地了解到所阐述的内容；完整是指参赛者应全面讲述作品情况，不可以有缺漏；准确是指对作品的描述应恰如其分，既不夸张其事也不妄自菲薄；规范是指作品所引用、参考的文章需注明出处，并严格按照作品申报书的要求来填写。

　　作品申报书的格式，按照要求各级标题、正文、表头、题头等可以用不同的字号和字体加以区别，但通篇论文的同级标题或正文应采用统一的字间距、行间距、字体和字号，对于需要重点突出的内容可以通过字体加粗等形式来表现。

3. 作品申报书编写注意事项

作品申报书是申报参赛作品的一种书面形式，重要性不言而喻。作品申报书的编写需要注意规范性、详细性、语言性、准确性，这样才能提高作品的竞争力。作品申报书编写时应注意以下几点：

（1）申报书的格式应该符合规范。应该使用标准 A4 纸或国家规定格式，并且排版应当整洁清晰、字迹工整，不应出现笔误、错别字等错误。申报书语言简练，表达清晰。应用简明扼要的语言描述作品的主旨、创意、过程等。申报书的内容一定要保证准确无误。避免翻译错误、词汇表达不当等问题。最终提交申报书之前，应认真检查作品申报书的内容，尽可能做到无遗漏、无错误和符合评审要求。

（2）申报书必须包含完整的信息，如参赛作品名称、创作单位、作者姓名、作品简介等。缺失或不完整的信息会给评审带来困扰，从而影响评审结果。申报书应描述作品的详细点，包括创意措施、作品亮点、运用技术等，这些信息可以吸引评审者。为了避免重复，申报书所描述的作品不宜过泛、过大，应集中在解决某一领域的某一问题上，聚焦到实际问题才能使社会意义或经济意义更明确、更突出。

（3）作品申报书要注明作品的原创性，必须保证作品的独立性和创新性。申报的作品要符合客观规律，要有一定的理论根据和实践依据，还要有科学的探索精神和论证。同时，根据作品申报内容应充分地预测到它的创新之处、经济价值和社会效应。

4. 申报书实例

以"易享停车"为例，我们给出申报作品情况（社会治理和公共服务类）和作品计划书中的目录，供参考。

作品申报书中申报作品情况

项目名称：易享停车

所在学院：信息工程学院

项目分组：□科技创新和未来产业　□乡村振兴和脱贫攻坚　□城市治理和社会服务
　　　　　□生态环保和可持续发展　□文化创意和区域合作

团队成员：

王力申（男 信息工程学院 物联网工程 151****1915 负责人）

王俊清（男 信息工程学院 物联网工程 198****9310）

卢祯耀（男 信息工程学院 物联网工程 198****3295）

项目简介（500 字以内）：当今汽车数量日益增加，在给我们的生活带来了方便与快捷之外，也产生了令人头痛的问题——停车难、乱停车，不仅给自己与他人带来麻烦，也在一定程度上扰乱了社会秩序，成了一个普遍且亟须解决的社会问题。特别是在某些城市中，车位价格不菲，应考虑如何合理地管理停车秩序，保护好自己的车位以免被他人占用，产生不必要的纠纷。

为此设计了基于单片机的共享型智能汽车位锁。相较于传统的机械手动式车位锁，此设计在一定程度上解决了在汽车进出停车位时下车把锁的撑杆放下或撑起，遇到恶劣天气就更加费时费力的问题。

目前团队已建立苏畅物联网科技有限公司，与政府合作。

社会价值（500字以内）：随着城市化进程不断加速，城市停车问题已经成为人们生活中不可避免的难题。人口密集的城市，车位资源有限且分散，往往导致停车难、堵车严重等问题。而传统停车模式下，停车场管理成本高、停车位置难以保障、停车效率低、安全难以保障等问题屡见不鲜。而共享车位锁的出现，则通过科技手段解决了这些问题，提高了停车位的使用效率，减少了城市交通拥堵，同时也提高了停车安全性。

首先，共享车位锁可以避免人为占用、关门不及时等一系列问题导致的"僵尸车位"，提高了停车位的使用效率。在传统的停车方式中，常常存在车位未被正常利用的情况，如只停一辆小轿车就占用了大型停车位，无法给其他车主提供有效的停车位置。而共享车位锁则可以根据车主需求动态选择停车位，避免了这种浪费现象，提高了停车场车位利用率，节约了城市空间资源。

其次，共享车位锁可以减少因为车辆随意停放导致的交通拥堵问题，同时也缓解了城市交通压力。在传统的停车方式下，车辆常常由于停车位置有限而停在路旁或其他不合适的区域，给城市交通带来极大影响。而共享车位锁则可以帮助车主快速找到停车位，有序停放，减少非法占道停车等现象，避免了车辆拥堵的问题。

再次，共享车位锁可以为用户提供更加安全可靠的停车环境，防止车辆被盗或被人为破坏的情况发生，为车主的财产安全提供了有力保障。每个共享车位锁配有扫码、人脸识别等安全功能，防止非法人员的进入和操作，保护停车位中车辆的安全。同时，车主还可以在停车位设置监控摄像头等设备，实时监控车辆情况，大大提高了停车位的安全性。

最后，共享车位锁可以带动全民共享经济的发展，缩小了城市中不同社会阶层之间的差距，为新型城市化的发展提供了一定的动力。共享车位锁的出现，打破了传统停车模式下车主与停车场之间的不平衡关系，帮助小微车主和停车位拥有者实现资源更均衡的利用，实现了资源共享、共享经济的理念，推动了新型城市化发展。

综上所述，共享车位锁对于城市管理、公共服务、环境保护等方面都具有重要的社会价值和意义。随着技术水平的不断提高，它的作用和价值还将不断发掘和推广，有望为我们的城市生活带来更多便捷和舒适。

实践过程（500 字以内）：调研初期，团队查阅了大量有关城市停车问题的文献资料，于 2013 年成立。团队始终关注国家出台的相关政策，精准把握城市停车问题的实践意义和重要性。团队与王宜怀教授和史洪玮老师进行交流学习，为共享车位锁的产品研发及项目开展奠定了充实的理论基础。

在项目设计阶段，团队就宿迁当地进行了项目试点，为期一年。此次试点得到了积极反馈，有力地推动了共享车位锁在城市中的应用，为实现城市停车位资源共享发挥了重要作用。

在实践过程中，团队深刻了解到了共享车位锁遇到的实际问题。团队据此提出解决方案，对共享车位锁进行了相关研发和技术升级。同时，在车位锁的定期维护和管理中，我们密切关注车位拥有者和车主的相关反馈，及时对共享车位锁进行优化和改进。

团队核心目标是为了满足现代城市停车资源共享的需要，推出更为高效、安全、智能的服务，给城市的停车管理和交通发展带来创新思路和技术手段。我们相信，在不断的学习和实践中，共享车位锁将不断提高和发展，成为城市停车管理的重要支撑。

创新意义（500 字以内）：共享车位锁是基于共享经济新形态诞生的一种创新型停车共享模式。在城市停车位资源紧张、车位需求高峰期严重的背景下，共享车位锁采用智能化技术，实现车位的远程开锁、锁定和自动锁定等，在保证车辆安全的同时，为车主和车位拥有者提供可靠、便捷的共享车位服务。与传统的停车共享模式相比，共享车位锁能够提高停车资源的共享效率，有效减缓城市停车资源供需矛盾，推动城市交通发展和管理的创新，同时也为共享经济的不断创新和发展注入新动力。本团队开发的共享车位锁具有以下创新意义：

- 利用了阿里云物联网平台和 4G 网络信号，信息传输更安全快速。
- 自主可控 UWB 定位芯片，区域内精准定位，帮助车主快速找到车位。
- 装有四节干电池，超强待机 7 个月，比传统产品多出 3 倍。
- 软件功能多样，从用户角度满足各项需求。
- 摄像识别、数据采集全面、精准、无死角。
- 符合市场发展趋势、隐性用户量基数大、便捷的操作方式。
- 资深教授、博士担纲科研，研发实力雄厚，专利技术省内领先。

8.6.3 作品展示与答辩

1. 准备好 PPT 和讲稿

PPT 和讲稿中主要包括作品的研究意义及背景，理论基础，研究内容、思路及创新点，技术指标和特点，研究成果，社会经济效益分析。

（1）作品的研究意义及背景。举办"挑战杯"竞赛其中一个出发点就是为了推动高校与社会间的交流，成为促进科技成果向现实生产力转化的有效方式。因此每个作品的研究意义就成为非常重要的评判标准，一个没有研究意义的科技成果是没有价值的。因此，参赛者必须为他的作品找到存在价值，越不可替代，它的含金量越高，就越会受到评委的重视。

（2）作品的理论基础。陈述作品的理论基础的原因在于，评委可以通过对理论基础的认识判断作品是否处于科学的前沿。在"挑战杯"全国大学生课外学术科技作品竞赛评审标准中，把"基础理论与专业知识"放在了非常重要的位置。牛顿说过："如果说我看得比别人更远些，那是因为我站在巨人的肩膀上。"作品坚实的理论基础就好比巨人的肩膀，它能帮助参赛者在"挑战杯"的路上走得更远。

（3）作品的研究内容、思路及创新点。作品的研究内容即作品研究过程的摘要。研究思路是指实现作品的逻辑方法，先研究什么，后研究什么。有很多成功的作品把研究思路简单清晰地设计成图幅，让评委们一目了然。创新点最为关键，它是引起评委注意的重要因素。"挑战杯"全国大学生课外学术科技作品竞赛评审标准中，把"科技含量及创新性特点"摆在首位，权重占 35%。一个作品有足够的创新性成果，才有可能杀出重围。

（4）作品的技术指标和特点。作品的技术指标和特点，是通过实验手段、模型分析、数理统计等方法得到的关于作品成果的科学性、先进性的数学描述。要证明作品的科学性、先进性，应该用数字说话，实事求是，这就是科技作品的特点。

（5）作品的研究成果。研究成果是对作品最后实现目标的描述。研究成果可以是实物展示，让评委对作品更加充满信心；研究成果可以是应用报告，这个证明了作品的实用价值不仅仅停留在实验阶段；研究成果还可以是参赛者发表过的相关高水平文章，知名期刊发挥的影响力能够助参赛者一臂之力。

（6）作品的社会经济效益分析。举办"挑战杯"竞赛就是要促进科技成果向现实生产力转化，没有市场就没有研究的价值。作品的实践和应用价值、社会经济效益分析是评委关注的一个重要指标，如同作品技术指标中的数据，能生动地说明作品的科学性和先进性。例如，当参赛者告诉评委，使用了此项研究成果后能够节能多少、增产多少，加上数据和图表的对比，将更有说服力。

2. 选定答辩人

答辩现场为 3 名学生参与答辩，一般的搭配是一名学生主要负责项目介绍，一名学生负责技术回答，另外一名学生负责财务方面的回答，当然三者能够统一最好，不能统一时采用上述搭配，此时对负责技术的学生，因为不可替代所以无须过多考虑，而对项目介绍学生的选定应注意以下方面：

（1）沟通与表达能力强。在答辩现场与评委的沟通和表达主要体现在两个方面：①简洁地对作品进行介绍，表达言简意赅；②正确理解评委的提问，回应准确到位。

（2）形象气质佳。形象气质在答辩环节的评分标准里也是有所体现的。这是一个隐性的、偏软的要素，但是却在不知不觉中发挥了重要的作用。一个举手投足都给人以落落大方、成熟稳重感觉的参赛者，能够给评委留下良好的第一印象。先入为主的主观感觉会影响评委对你的态度，或宽容或严苛，这是人之常情，无法量化。

（3）应变能力强。很多时候评委的问题不仅仅围绕课题本身，可能会涉及其他领域的外延问题。评委突然提出的问题，很可能会让你不知所措。答辩中评委会出什么样的问题来考验你，这是没有规律可循的。但可以有这样的认识，以不变应万变，最好具有幽默气质，具备化解尴尬提问的能力。

3. 答辩 PPT 实例

"挑战杯"答辩现场的答辩展示时间为 5 分钟，时间宝贵，因此内容是高度浓缩的，我们用行业与市场、技术与产品、运营与团队、财务与规划四个部分进行介绍，如图 8-1 所示。

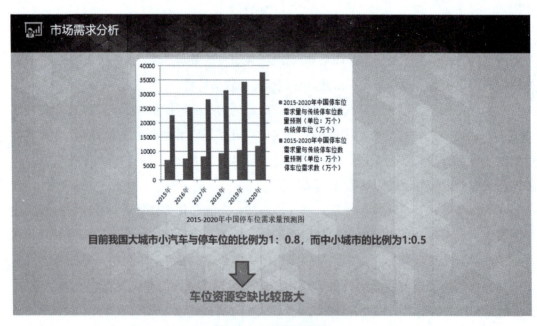

图 8-1　市场需要分析

针对行业中的问题，我们进行探索研究，通过我们的技术和产品可有效解决行业中的问题。团队给出了创新工作对应的专利、获奖、测试等证明材料。产品优势如图 8-2 所示。

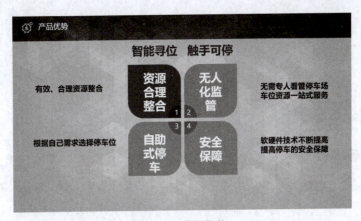

图 8-2 产品优势

运营模式如图 8-3 所示。

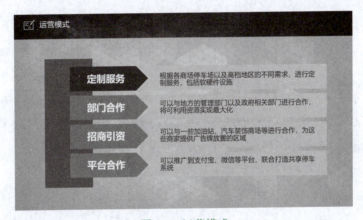

图 8-3 运营模式

最后阐述本项目的产品组成，如图 8-4 所示。

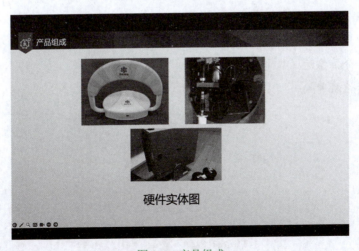

图 8-4 产品组成

第 9 章
江苏省大学生机器人大赛

本章导读

　　为引导高等学校机器人相关专业课程建设，深化教学改革，加强科研和工程实践能力的训练，注重培养大学生的创新能力、工程实践能力和协作精神，促进国民科技水平提升，适应机器人时代的新要求，2004 年江苏省自动化学会发起、江苏省教育厅与江苏省科学技术协会共同决定创办江苏省大学生机器人大赛，迄今已连续成功举办 13 届。江苏省大学生机器人大赛自 2021 年起通过了江苏省普通高校本专科生学科竞赛省级赛事认定。

本章要点

- 竞赛项目设置
- 工程类分拣搬运（光电车型）赛
- 陆空两栖机器人

9.1　大赛简介

　　江苏省大学生机器人大赛由江苏省自动化学会发起、省教育厅与省科协联合主办，2004 年至今已成功举办 13 届。历届大赛共吸引南京大学、东南大学、南京航空航天大学、苏州大学等近 70 所高校 500 支左右参赛队 2000 余名师生参赛。江苏省大学生机器人大赛自 2021 年起通过了江苏省普通高校本专科生学科竞赛省级赛事认定。

9.2　参赛要求

　　参赛机器人必须有一定的自主功能。

　　参赛机器人必须是参赛学生为主设计制作的（与企业合作设置的项目除外）。

　　一个参赛队包括 1 ～ 2 名指导教师、1 ～ 5 名学生和相应的机器人。

9.3　大赛安排

　　以 2022 年（第十三届）江苏省大学生机器人大赛为例，大赛共设置了海空类、对抗类、工程类、健康服务与智慧城市类、竞技运动类、其他类型六大类别，具体项目设置见表 9.1。

表 9.1　第十三届江苏省大学生机器人大赛竞赛项目设置

序号	论坛领域 / 专题	竞赛项目设置	
		编码	名称
1	海空类（空中 / 水中机器人、陆空机器人）	101	空中巡逻救援
		102	森林空中灭火
		103	水中巡检
		104	陆空两栖机器人
2	对抗类	201	兵器对抗
		202	密室夺宝
		203	阵地攻防
		204	格斗搏击

续表

序号	论坛领域 / 专题	竞赛项目设置	
		编码	名称
3	工程类	301	远程排爆救援
		302	码垛
		303	排挖地雷
		304	节能车耐力赛
		305	分拣搬运
		306	智能智慧分拣
4	健康服务与智慧城市类	401	医疗服务机器人
		402	智慧快递
		403	无人车（多车交互）
		404	宠物 / 伙伴机器人
		405	智能轮椅
5	竞技运动类	501	高尔夫球
		502	探险（Ⅰ型）
		503	窄足竞步
		504	越野（Ⅰ型分道）
		505	四足机器人
		506	仿人机器人
		507	足球
6	其他类型	601	视觉识别
		602	舞蹈
		603	3D 仿真足球
		604	仿真救援
		605	创新创意

9.4 大赛指南

1. 参赛队伍数、最终排序

各项目完成报名流程的队伍数为参赛队伍数。各项目成绩最好的为第一名，前三名应为不同学校，按此原则排序，得到最终排序。

2. 获奖等级

根据最终排序，每个竞赛项目设一等奖（前 10%）、二等奖（续 20%）、三等奖（续

40%），尾数四舍五入，颁发获奖证书，参赛队师生每人一张。

3. 冠亚季军奖杯

根据最终排序，各项目前三名分获冠军奖、亚军奖和季军奖，颁发奖杯。前三名应为不同学校。

4. 项目开赛队伍数要求

各项目参赛队伍数少于 10 支（新设项目前三年少于 6 支），本年度不设该比赛项目，相关队伍可自愿选择转入其他项目。

5. 分设"本科组"和"专科组"队伍数要求

一个项目，如本科院校与专科院校参赛队伍数均大于等于 10 支，将分设"本科组"项目和"专科组"项目，分别排名与设奖。

6. 最佳组织奖

从报名参赛队较多、获奖较多和综合影响好的参赛单位中推选，名额为 6 个，颁发奖状。裁判委员会讨论决定获奖单位名单。

7. 优秀指导教师奖

从获得一等奖参赛队的指导教师中推选，颁发奖状。裁判委员会讨论决定获奖人员名单。

9.5 案例简介与分析

9.5.1 工程类分拣搬运（光电车型）赛

1. 案例简介

本案例针对货物搬运问题，设计了一种集分拣、搬运、码垛于一体的智能物料搬运机器人。该机器人是 AGV 技术和工业机械手臂技术的结合。AGV 技术即自动导引运输车，用于完成智能路径规划和机器人本体的精准自主运动，作为机器人的底盘系统模块。工业机械手臂用于实现物料的分拣与码垛功能，在具体问题具体分析的基础上，本设计将工业机器人的分拣和搬运功能设计为两个独立的机构，即"多钩式"分拣机构和"滑轨套筒式"搬运机构，作为机器人的分拣搬运系统模块。

（1）背景。在生产和物流领域，货物的分拣、搬运、整理过程非常复杂繁重，这些环节的工作效率会直接影响到物流行业上下游整体的效率和效益。传统模式下，这些环节都是以工人为基本劳动力单位进行运作，该方式效率低、错误率高，企业需要投入巨大的成本来保证这些环节的可靠性。为了满足多品种小批量、变品种和变产量生产的要求，这些领域对于自动化和省人化的需求非常大。众所周知，生产制造的各个环节之间的联系异常紧密，适时地为每个工序运送毛坯可以很有效地提高整个过程的生产效率。

目前该领域机器人技术已经成熟，完全可以缓解企业在这些环节人力成本的资金压力，而且机器人的可靠性高，能持续工作的特点是人类工人无法比拟的。因此，研制一种适用于生产物流过程的搬运机器人就显得尤为必要。AGV 自动导引运输车就是其中的代表之一，除了 AGV 之外还有一些其他的运输装置，如传送带、轨道车等，不过从生产的柔性化来说 AGV 才是最好的选择。现在，AGV 系统已经是生产物流领域不可或缺的搬运系统了，它运送物品的质量跨度非常大，小到几百克的轻巧物品，大到数十吨的笨重物件。国内的各大物流公司（京东、顺丰、菜鸟裹裹等）都建造了自己的自动化仓库，其中就大量运用了 AGV 技术用于自动或辅助人工分拣搬运包裹，大大提高了生产效率和准确性。

（2）本课题研究目标和设计内容。本案例要求小车从环形起始区（图 9-1）出发，先将 A、C、E 区域（图 9-2）的三个不同颜色的物料搬运到对应颜色的同心圆区域中，再将 F、G 区域的 10 个不同颜色的物料搬运到对应颜色的同心圆区域中，最后回到出发区。整个过程用时越短、码垛越准确得分越高。在深入学习了单片机技术、电工技术、C 语言编程、传感器技术、机械原理、机械设计、自动控制的基础上，这里基于提升物料分拣搬运效率的目标，设计了一种具有物料分拣、搬运和码垛功能的智能物料光电搬运车。

图 9-1　出发区示意图

图 9-2　比赛场地示意图

本设计使用 SolidWorks 设计出整体机械结构，使用 ATMega 2560 作为主控，依托 ArduinoIDE 平台进行软件设计，通过两个 8 路循迹传感器、四个漫反射激光传感器和一个颜色传感器完成地面数据采集、目标识别和循迹功能，使用直流减速编码电机、9g 数字舵机和 DS3218 20kg 数字舵机作为动力源,完成机器人本体的移动和物料分拣搬运功能。本设计包含三大部分:机械结构设计、硬件电路设计、程序算法设计，最后会装配出实物，以验证本设计的实际工作效果。

2. 智能物料搬运光电车整体设计方案

（1）总体方案。以整个搬运过程作为主体，全面分析搬运机器人系统的功能需求。将整个过程拆分，可得出如下功能需求：自主运动、引导循迹、物料分拣、物料抓取、物料装载、物料码垛。

首先，机器人从环形出发区向前行驶，前往地图上半部分的 A、C、E 区域，将该区域的三个不同颜色的物料搬运到目标位置处，过程中会对三个区域的物料进行颜色检测，并且存储到程序中。在搬运结束后，机器人就知道了五个物料中三个的颜色，剩下的 B、D 物料只要再检测其中任意一个的颜色，便可推导出另外一个物料的颜色，这样所有物料的颜色就都知道了。

接着，机器人会前往地图下半部分的 F、G 区域，机器人在检测完 F 区域物料 B 的颜色之后便能知道所有物料的颜色。机器人将对 F、G 区域的物料进行集中分拣，通过路径规划算法将 10 个物料搬运到目标位置处。过程中，机器人通过滑轨套筒机构将相同颜色物的料码垛整齐，并且尽可能地堆放到同心圆中心处。

最后，机器人在完成所有物料的搬运任务后，自主返回并在环形出发区停止。从开始运行到返回出发区停止运动的整个过程均为机器人内部程序自主控制，无须人工操作。

（2）系统组成（图 9-3）。智能物料搬运光电车采用 ATMEGA 2560 芯片作为主控，8 路循迹传感器和漫反射激光传感器采集信号，并将信号通过总线传入到主控进行分析运算，主控控制直流减速编码电机工作，实现机器人的自主运动和引导循迹功能。这两个功能组成了机器人的底盘系统。颜色识别传感器对物料颜色进行检测，并且将信号发送给主控进行分析，接着主控通过控制 9g 数字舵机动作驱动多钩式分拣机构钩住物料，进而实现物料分拣。搬运时，底盘系统负责运动到合适的位置，接着主控控制 20kg 数字舵机和 9g 数字舵机协同工作，完成物料抓取、物料装载、物料码垛功能。

（3）总体设计思想。本课题中研究的智能物料光电搬运车，深刻借鉴了已有的具体实例，吸收其中的设计思想，总结优点、改进不足，进一步提出了下列设计方案：

1）采用 Arduino Mega 2560 控制板作为主控模块，该控制板以 ATMEGA 2560 作为主控芯片，该单片机计算能力强大、外接引脚众多，并且该控制板可以和 Arduino IDE 结合实现控制程序的快速开发。

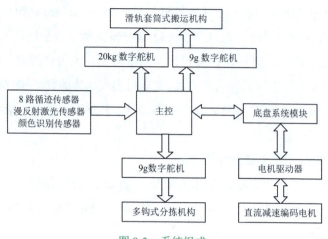

图 9-3　系统组成

2）循迹采用双 8 路循迹传感器与漫反射激光传感器相融合的方式，实现更加精确的巡线功能。

3）分拣采用四组钩式分拣机构，四组机构成"港口式"排列，这样在分拣的同时可以实现物料的传递，可以有效地装载物料，提高搬运的灵活性。

4）舵机与线规上的滑块用连杆进行连接，将舵机的转动转变为滑块的移动，进而实现套筒的提升和降下。

5）移动方式采用二轮差动方式，并使用一个万向轮作为小脚轮，三轮形成三角稳定结构。

3. 机械结构设计

（1）机器人组成部分。智能物料光电搬运车由 Arduino Mega 2560 主控板、直流减速编码电机、车轮、锂电池、舵机、电机驱动板、降压模块、循迹模块、线规、滑块、套筒、3D 打印结构件和铜螺柱构成，如图 9-4 和图 9-5 所示。

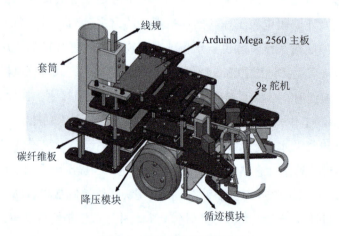

图 9-4　小车三维设计图（1）

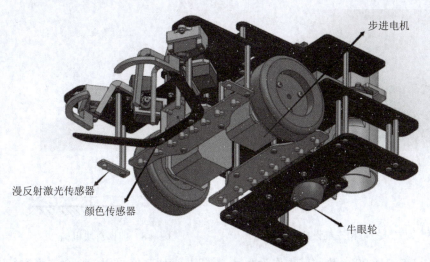

图 9-5　小车三维设计图（2）

（2）机器人承载结构。承载结构采用多层亚克力板设计，两层之间用铜螺柱进行连接。亚克力板具有质轻、价廉、易于成型的特点，并且制程简单、成本低。将设计好的 CAD 图纸（图 9-6）交给商家便能完成加工，本设计中采用厚度为 5 mm 的板材进行激光切割成型。

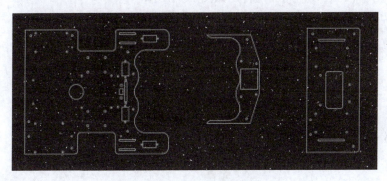

图 9-6　亚克力板 CAD 图纸

（3）单钩式分拣机构。该机构由两个 9g 数字舵机提供两个自由度，两舵机呈上下排布，底部舵机负责带动上顶部舵机转动，顶部舵机负责钩取物料。机器中安装了四组，所以称之为"多钩式"分拣机构，如图 9-7 所示。该机构可以钩住物料，并且可以对物料进行拖动。该机构还可以增加物料颜色识别的准确度，因为颜色传感器位于亚克力板槽口的中间位置，位于内侧的两组机构可以将物料钩住后按在传感器上。位于外侧的两组机构可以与内侧的两个机构进行物料传递，外侧的两个机构就起到了装载物料的作用。这样就可以简化搬运过程，缩短搬运时间。

（4）套筒搬运机构。套筒搬运机构由舵机、连杆、线规、滑块和套筒组成，其机构为图 9-8 所示的曲柄滑块机构。

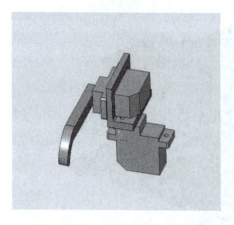

图9-7 钩式分拣机构三维设计图

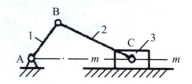

图9-8 曲柄滑块机构

该机构以DS3218 20kg数字舵机作为驱动,舵机与滑块之间采用铝合金连杆进行连接,舵机转动即带动AB杆转动,B点的轨迹是以A为圆心的圆,B点运动进而带动C点运动,C点的运动轨迹为直线,C点的运动轨迹即滑块的运动轨迹。套筒与滑块之间用螺栓固定,进而滑块带动套筒进行直线运动。本设计AB杆长度等于BC杆,这样有利于控制程序的编写。套筒可在滑轨上做往复滑动,套筒上设有一个9g数字舵机,可驱动套筒做张开闭合动作,用于提升、装载、码垛物料,如图9-9所示。

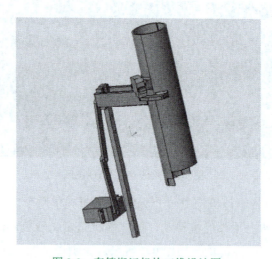

图9-9 套筒搬运机构三维设计图

（5）其余结构设计思想。整车底盘采用差速双轮加一个万向轮的结构,三者在地面上有三个支撑点形成一个三角支撑面,但是该支撑面靠后,并且前部有较重的分拣搬运机构。为了保持行驶的稳定,将电池、降压模块、驱动模块等剩余硬件统统放置在整车后部。亚克力板的"港湾式"槽口底部采用相切圆弧设计,可以将F、G区域的C、D、E物料自动归位,便于分拣机构钩取。

车身向下投影面沿车轮轴线对称，车身运动时的基准也是车轮轴线，所以在车轮轴线的前后位置设置 8 路循迹传感器，以保证车身的准确移动。并且，小车在码垛物料时需要准确停靠，让套筒对准同心圆中心，在对搬运场地进行测量后将两个漫反射激光传感器设置在小车前部两侧位置，这样不但有利于对黑线进行计数，而且可以使小车在码垛前依据地图黑线进行自生位置校正，提高码垛精度。

小车三维设计俯视图如图 9-10 所示。

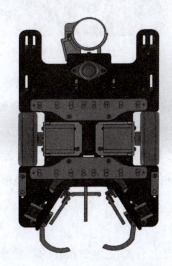

图 9-10　小车三维设计俯视图

4. 部分硬件电路设计

（1）单片机选型。本设计采用的单片机型号为 ATMEGA 2560，该单片机有 54 个数字 I/O 引脚（其中 15 个可用作 PWM 输出）、16 个模拟输入引脚、4 个 UART 引脚。机器人控制板选用以 ATMEGA 2560 为核心的 Arduino Mega 2560k 控制板，该控制板以 Arduino IDE 为程序开发平台，IDE 集成了丰富的第三方封装库，且简单易用，可以实现快速开发与迭代。

（2）传感器选型。

1）颜色传感器。案例中有五种颜色不同、大小相同的物料。要对物料进行分拣，首先就要识别出物料的颜色，颜色分别为红、绿、蓝、白、黑。颜色识别方案有两种：一种是机器视觉，另一种是颜色识别传感器。考虑到易用性和成本问题，本设计选用 TCS3200 颜色识别传感器（图 9-11），其工作原理如下：白色 LED 光源发出白色光照射物体，经过物体表面反射后被一个 8×8 阵列的硅光电二极管捕捉。硅光电二极管有四组滤波器，其中三组分别对应红色滤波器、绿色滤波器、蓝色滤波器，剩下的一组不带任何滤波器。使用时主控通过选用不同的滤波器，根据返回的模拟值计算得到 RGB 的比值，根据三原色原理即可推导出被测物体的颜色。

图 9-11　TCS3200 颜色传感器

2）漫反射激光传感器。小车在运动过程中需要对黑线的数量进行计数，以此来确定自身的位置。普通灰度传感器也可用作此功能，但是稳定性差，容易受到可见光的干扰。于是本设计选用漫反射激光传感器来对黑线进行计数，其工作原理如下：发射部分是由一个震荡管发出 180kHz 频率的震荡波后经三极管放大，激光管发光，接收部分由一个相匹配 180kHz 的接收管接收返回的光强。由于激光传感器使用了调制处理，接收管只接收相同频率的反射光，因此能有效防止可见光对反射激光的影响，这样就能很好地提高计数精度，保证小车运行的稳定性。

3）循迹传感器。搬运地图上有宽度为 20mm 的黑色引导线，考虑到成本与实用性，本设计选用一种 8 路灰度传感器模块实现光学引导功能，其工作原理如下：该传感器有相同的 8 路，每一路具有独立的发射器与接收器。发射器在工作时会持续地向地面发射红外线，红外线经过地面发射被接收器捕捉，信号被捕捉后经过处理输入到主控芯片中进行检测。并且该传感器模块自带光源，可以有效地减轻外界环境光线对传感器的信号干扰。

（3）原动机选型。

1）步进电机。本设计中驱动底盘运动的原动机选用步进电机，如图 9-12 所示。步进电机相对普通电机来说，它可以实现开环控制，即通过驱动器信号输入端输入的脉冲数量和频率实现步进电机的角度和速度控制，无需反馈信号。但是步进电机不适合使用在长时间同方向运转的情况，容易烧坏产品，即使用时通常都是短距离频繁动作较佳。经过分析，选用直流减速编码电机作为底盘原动机。

步进电机的优点如下：

● 步距值不受各种干扰因素的影响。如电压的大小和电流的数值、波形、温度的变化等。

● 误差不长期积累。步进电机每走一步所转过的角度与理论步距之间总有一定的误差，从某一步到任何一步也总有一定的累积误差，但是每转一圈的累积误差为 0，所以步距的累积误差不是长期累积下去的。

● 控制性能好，启动、停车、翻转都是在少数脉冲内完成，在一定的频率范围内运行时任何运动方式都不会丢失一步。

图 9-12　步进电机

2）舵机。本设计采用两种型号的舵机作为角度原动机：一种是航模中常用的 9g 数字舵机，型号为 EMAX ES08A Ⅱ，体积小，可以在狭窄空间中工作，特别适合用于分拣机构和套筒的开合关闭；另一种是 20kg 数字舵机，可以提供较大扭矩，用于套筒的提升。舵机主要由以下几个部分组成：外壳、减速齿轮组、位置反馈电位计、直流电机、控制电路板，如图 9-13 所示。

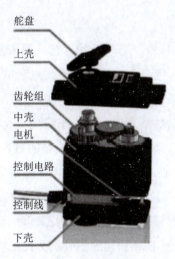

图 9-13　舵机组成

其工作原理如下：主控发出 PWM 信号，PWM 信号经过舵机内部的信号调制芯片产生一个直流偏置电压，其内部有一个基准电路，会一直产生周期为 20ms、宽度为 1.5ms 的基准信号，直流偏置电压与电位器的电压进行比较，获得电压差输出，电压差的正负输出到电机驱动芯片控制电机的正转反转，直到舵机转动到目标角度。

舵机接线三根，红色线和棕色线分别是 VCC 和 GND，黄色线为 PWM 信号控制线，舵机组成及示意图如图 9-14 和图 9-15 所示。

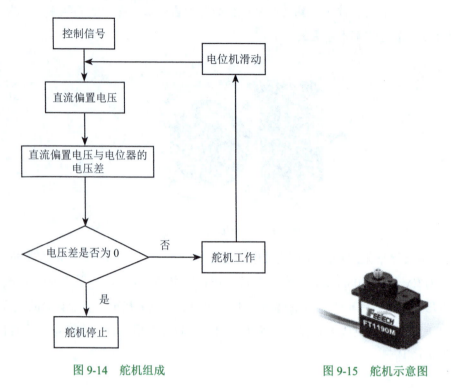

图 9-14　舵机组成　　　　　　　　图 9-15　舵机示意图

5. 程序算法设计

（1）程序总体流程（图 9-16）。小车开始运行，沿着黑线移动到 C 处，检测 C 处物料的颜色并存入内存，若为红色则直接将其放置到红色同心圆处，若不为红色则用小钩钩住物料前往 A 处。到达 A 处检测 A 处物料的颜色并存入内存，若为绿色则直接将其放到绿色同心圆处，若不为绿色则将其钩住。小车将两个钩住的物料放到正确颜色的同心圆处，继续前往 E 处。到达 E 处之后检测 E 处物料的颜色并存入内存，将其放置到正确颜色的同心圆处，返回地图中心，第一轮搬运结束，随后立即进行第二轮搬运。

第二轮搬运开始，小车先前往 F 区域，内侧两分拣机构分别钩住圆 A 和圆 B 上的两个物料，检测 B 物料的颜色并存入内存，此时内部程序已经自动推导出 D 物料的颜色；接着将 A 物料装载到套筒内，将 B 物料传递到外侧分拣机构；然后再次向前移动，让 C、D、E 物料在槽底部自动归位，将 E 物料钩至外侧，C、D 物料放在 F 区域黑线两侧等待下次搬运。

小车前往 G 区域，首先内侧两分拣机构钩住 A、B 物料，将 A 物料装入套筒中，此时套筒中为两个 A 物料；接着将内侧和外侧分拣机构的两个 B 物料装入套筒中；然后再次向前移动，让 C、D、E 物料在槽底部自动归位，将 E 物料钩至外侧，C、D 物料放在 G 区域黑线两侧等待下次搬运。

此时小车套筒中装载了两个 A 物料、两个 B 物料，外侧两分拣机构分别钩住一个 E

物料。小车将装载的物料全部放置到目标位置后再次返回 F、G 区域，将之前剩余的物料搬运到目标位置，完成后返回出发区，至此整个搬运任务完成。

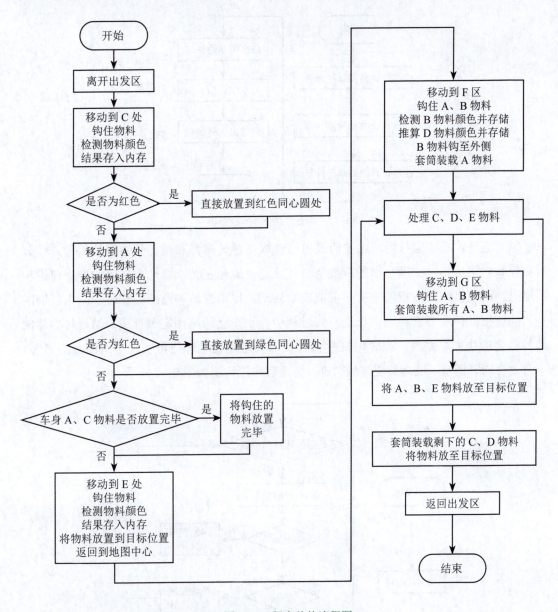

图 9-16　程序总体流程图

（2）颜色识别。由德国物理学家赫尔姆霍兹（Helmholtz）的三原色理论可知，不同颜色是由不同比例的三原色 (Red,Green,Blue) 混合而成的，那么只要检测出目标物料颜色三原色的值就能够知道目标物料的颜色了。由该理论可知，案例中五种颜色的 RGB 比值分别是：白色为 1:1:1，黑色为 0:0:0，红色为 1:0:0，绿色为 0:1:0，蓝色为 0:0:1。

对于 TCS3200 来说，即通过 S2 和 S3 依次选通红、绿、蓝三种颜色滤波器，然后对输出脉冲依次计数，便可得到 RGB 值，再通过白平衡算法调整后即可推算出目标物料的实际颜色。颜色识别程序流程图如图 9-17 所示。

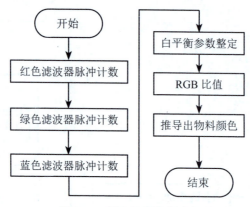

图 9-17　颜色识别程序流程图

（3）循迹。系统运行后，主控通过串口读取循迹传感器和激光传感器的信号，经分析后控制电机运转，实现小车的直线前进、后退、原地左转、原地右转等动作。前进和后退时，两电机同时按相同速度向前或向后转动。原地左转和原地右转时，两电机同时按相同速度向两个方向转动。在走直线过程中，小车会偏离预定黑直线，循迹传感器的信号就会产生明显差值，此时电机两轮只要以一定差速运转便可实现车头的左右调整，车身也会同时调整，进而实现黑线循迹。循迹程序流程图如图 9-18 所示。

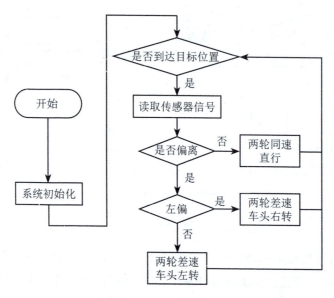

图 9-18　循迹程序流程图

6. 装配与机电联调

（1）电控关系结构。小车每个模块的额定电压不同，所以部分模块采用单独供电的方式。其中舵机均工作在 6V 直流电压下,而小车中采用了 10 个舵机,分拣机构使用了 6 个 9g 数字舵机,套筒搬运机构使用了 1 个 9g 数字舵机和一个 25kg 数字舵机,为了防止电流过大损坏电源硬件,所以舵机采用一个降压模块单独供电。剩余硬件使用另一个降压模块供电,小车整体接线结构如图 9-19 所示。

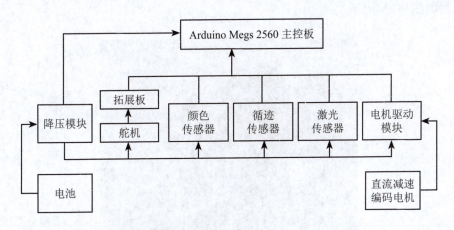

图 9-19　电控关系结构

(2)机电联调。机电联调可按照机械结构调试、硬件电路调试和程序调试三大部分进行,但是通常按照不同的功能三种调试同时进行,如图 9-20 所示。

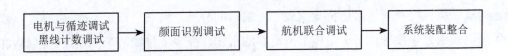

图 9-20　机电联调流程图

20kg 舵机调试如图 9-21 所示。

图 9-21　20kg 舵机调试

舵机在安装前需要进行位置校准，否则初始角度和设计值一定会存在误差，严重时可能会损坏机器人的结构。所以舵机的装配要在程序控制下进行。首先让舵机运动到目标初始位置，一般为900，然后安装舵盘和连接件，最后安装到机器人上，并检查机械结构之间的配合、电路运行、程序控制,在各功能都调试完成后进行系统整合,整车设计完成。整车实物如图 9-22 所示。

图 9-22　整车实物

7. 结论

本案例研究了一种智能物料搬运机器人，机器人运用了 AGV 导引技术进行自主移动，通过钩式分拣机构和套筒搬运机构完成了对物料的分拣、装载、搬运、码垛功能。小车使用洞洞板通过焊接排针引出主板上所需的引脚，减少了接线的杂乱烦琐。机器人的设计过程运用了很多大学期间学到的技能，如单片机开发、Creo、CAD 等。小车可以完成任务目标，传感器对黑色路线的识别能力和对外界的抗干扰能力能够满足工作需求，机器人能够稳定地按照给定的路线平稳行驶，自主导引效果良好，物料码垛也比较准确。在机械结构方面，车身零件直接距离较大，在结构设计时考虑不全面，套筒张开闭合之间的连接机构较少，导致套筒在闭合时与设计位置有一定差距，不同机构之间还可以更加紧凑，而有些机构之间过于紧凑没有留下余量，导致装配难度较大，给后面的机电联调带来了一定麻烦。由于是初代机型，并没有绘制 PCB 板，所以小车的电路稳定性还有待提高，后面可以引入三轴陀螺仪传感器，那样可以简化机器人转弯时的角度控制。

9.5.2　陆空两栖机器人

1. 案例简介

随着机器人控制技术的发展和机器人应用领域的拓展，陆空两栖机器人已逐渐被关注。设置陆空两栖机器人巡航竞赛项目，引导大学生对机器人应用进行深入思考和研究，设计并制作合理的陆空两栖机器人硬件与软件系统，探索陆空两栖机器人的发展方向，逐步提高陆空两栖机器人的智能化水平。要求陆空两栖机器人在设定的竞赛场地，按照竞赛规则，完成竞赛任务。随着技术进步及竞赛技能的提高，竞赛任务将会逐步升级。

陆空两栖机器人要求为一体化机器人，必须具有自主开发的硬件或软件。陆地巡航为自主寻线巡航运动，空中巡航为遥控空中巡航（可以选择自主巡航）运动。

2. 机器人总体功能及性能指标

（1）总体功能。一代作品的机架与底盘均使用碳纤维材质，总体质量轻、结构稳定。底盘使用 STM32F103C8T6 作为陆地巡航部分主控，使用的底盘为阿克曼结构，舵机控制前轮转向，后轮采用的直流减速电机不仅转速快而且能进行速度 PID 闭环控制，结合 CCD 循迹模块能准确循迹。飞行部分采用 STM32H743 作为空中巡航部分主控，使用 ACFLY 开源飞控，抗干扰性强、稳定性强，支持多传感器异常检测智能融合，支持传感器与飞控偏移补偿，二次开发方便，使用 UWB 技术进行室内空间定位，能够实现自主定点飞行并很好地完成空中巡航任务。

（2）性能指标（见表 9.2）。

表 9.2　性能指标

性能指标	说明
续航能力	1 ～ 2 小时
飞行高度	可达 1km 高空
飞行速度	最快为 5m/s
遥测距离	室外空旷地区可达 3km
载重量	最大载重为 2kg
稳定性	稳定性强，抗干扰能力强

3. 比赛规则及关键性问题分析

（1）2021 年江苏省大学生机器人大赛陆空两栖机器人比赛规则。

1）参赛队。具有独立法人资格的单位可以独立组队参加比赛，每单位最多可派出 2 支参赛队，每队到场参赛队员不得超过 5 人。每参赛队携 1 辆陆空两栖机器人参赛，参赛期间不得更换陆空两栖机器人，且不得使用其他参赛队陆空两栖机器人，违者取消参赛成绩并上报组委会通报批评。比赛上场顺序由现场抽签决定。

2）参赛车辆。陆空两栖机器人控制部分必须具有自主开发的硬件或软件。空中巡航的遥控器可以外购（定制），陆空两栖机器人底盘及其他可以外购，也可以自行设计制作。

3）比赛环境。①比赛场地为平整纯浅色木地板、纯浅色塑料地板、纯浅色水泥地，约 8×6m，如图 9-23 所示；②寻线，用宽度为 15 ～ 18mm 的黑色胶带线构建；③隧道，1000×1000×1000mm 的铝合金（或木质等）支架构建，左侧、右侧、上面均有盖板，隧道内光线弱，无黑色胶带寻线；④天台，1000×1000×1000mm 的铝合金（或木质等）支架构建，左侧、右侧、上面均有盖板；⑤ 500×500mm 的彩色图片，粘贴在天台的平台上；⑥位置 A 起点为 500×500mm；B、C 区域内圈直径为 500mm，外圈直径为 1000mm；⑦比赛场地周围用防护孔网封闭隔离以确保比赛安全（各参赛队在校训练时也必须采取防护措施）。

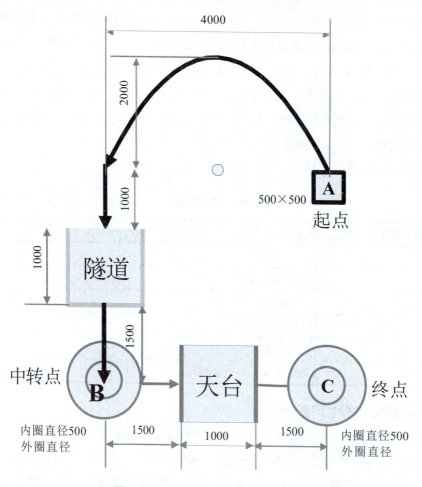

图 9-23　比赛场地示意图（单位：mm）

4）比赛内容。

陆地巡航：①自主寻线（宽度为 15 ～ 18mm 黑色实线）巡航，不偏离；②穿越隧道（隧道内光线弱且无黑色胶带寻线）不碰撞；③精准到达指定点，A 区域出发，B 区域结束。

空中巡航：①遥控空中巡航，飞越平台（至少高于平台 500mm）；②在平台上方（至少高于平台 500mm）对粘贴在天台平台上的彩色图片拍照；③精准到达指定点，B 区域出发，C 区域结束。

5）赛程赛制。

实际比赛轮次待报名之后确定，见程序册。

第一轮比赛：所有参赛队依成绩排序（不含技术报告分）。①参赛队数大于 15，前 80% 的参赛队进入第二轮比赛；②参赛队数小于等于 15，所有参赛队直接进入第二轮比赛。

第二轮比赛：依成绩排序产生比赛名次（含技术报告分），各等级奖项参照大赛组委会规定。

注意：

- 两轮比赛规程及评分细则相同；当评分分数相同时，以本轮次陆地巡航时间＋空中巡航时间，两巡航时间之和短者排名列前。
- 参赛队在第一二轮比赛中，可连续进行两次比赛，以成绩优者计入，前两次均失败者可申请第三次比赛，但所得总分数减去 20 分。
- 各队在赛前可提前半天适应场地。
- 各队在第二轮比赛赛前提交电子版技术报告。

6）裁判设置。

①主裁判 1 人：负责管理组内其他裁判员，督导比赛按照既定流程公平进行，并且对比赛机器人是否完成比赛任务进行裁决，核实比赛成绩，并对排名进行裁定。

②助理裁判 3 人：

- 协助主裁判完成对参赛机器人的资格评定。
- 协助主裁判完成对参赛机器人的资格审查并记录。
- 对参赛队准备时间计时，赛前调试准备时长不得超过 5 分钟。
- 读取比赛时间并记录。
- 根据主裁判判决结果记录比赛完成情况并记入评分表。
- 观察比赛现场参赛机器人的完成情况，观察比赛现场安全防护情况。
- 协助主裁判完成比赛评分表成绩汇总。

7）计分规则（见表 9.3）。

①每轮比赛都抽签决定比赛顺序，参赛队未按时到达比赛场地作放弃处理。

②计时：陆地巡航时间（A 区域出发，B 区域结束，计时时间）和空中巡航时间（B 区域出发，C 区域结束，计时时间）。

③空中巡航自主飞行，是指机器人到达 B 区域，不得有任何干预，自主飞行并完成巡航。

表 9.3　陆空两栖机器人巡航竞赛评分表

序号	内容		时间/次	得分	备注
1	陆地巡航 （50分）	走出遂道到达B区域得20分，否则陆地巡航0分。四轮离开寻线计为本轮失败			
		陆地巡航结束，时间在12s内得20分；超时部分，每1s扣1分			
		到达B区域内圈，10分；内外圈之间5分；外圈之外0分			
		在寻线部分，偏离寻线，每次扣2分			
		在隧道内，碰撞隧道，每次扣2分			
2	空中巡航 （45分）	完成空中巡航着落C区域，得20分；否则空中巡航0分。完全偏离平台上方航线计为本轮失败			
		空中巡航结束，时间在12s内得10分；超时部分，每1s扣1分			
		到达C区域内圈，10分；内外圈之间5分；外圈之外0分			
		碰撞平台，每次扣2分；偏离平台上方航线，每次扣2分			
		拍照彩色图片，清晰5分，清晰不够3分，无照片0分			
3	技术报告 （5分）	A档（优，5分）、B档（中等，3分）、C档（差，1分）、未交（0分）			
4	自主飞行	本轮空中巡航所得成绩×2计分			
	合计				

（2）关键性问题分析。

1）陆地巡航挑战的关键性问题分析。

①要控制好陆地巡航速度，保证其可以在12s内跑完巡迹全程。

②隧道内无循迹线，要控制好陆空无人机底盘走直线。

③能够在黑色循迹线消失处及B区域内圈精准使小车停止运动。

④底盘重量要在无人机升力所能承受的范围之内，所以电机选型也是陆地巡航的关键性问题之一。

2）空中巡航挑战的关键性问题分析。

①在进行自主飞行挑战时，底盘和无人机飞控要能够通信，保证陆地巡航到达B区域时无人机能够自动解锁起飞。

②在进行自主飞行挑战时，无人机能够稳定定高、定点。

③在进行自主飞行挑战时，无人机能够自主沿直线从 B 区域越过天台飞往 C 区域并自主降落。

④因 2021 年陆空两栖机器人为线上比赛，故天台拍照部分取消，该部分技术不作分析。

4．硬件系统设计与使用说明

（1）陆地巡航硬件设计。

1）陆地巡航结构（图 9-24）。

图 9-24　陆地巡航结构

2）底盘选型。为了解决陆地巡航时的转弯问题，我们比较了多个移动底盘结构，最终选用了阿克曼底盘结构。它像汽车一样，前轮转向、后轮驱动，其几何结构称为阿克曼转向几何，是一种为了解决交通工具转弯时内外转向轮路径指向的圆心不同的几何学。运动学简图如图 9-25 所示。

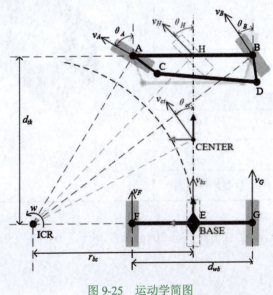

图 9-25　运动学简图

正运动学模型见公式（1）。

$$\begin{bmatrix} v_{ct} \\ \theta_{ct} \\ \omega \end{bmatrix} = \begin{cases} \begin{bmatrix} v_{bs}d_{tk}\tan\theta_H\sqrt{\dfrac{1}{4}+\dfrac{1}{\tan^2\theta_H}} \\ \arctan[\tan\theta_H/2] \\ v_{bs}\tan\theta_H/d_{tk} \end{bmatrix}, & \theta_H \neq 0 \\ \begin{bmatrix} v_{bs} \\ 0 \\ 0 \end{bmatrix}, & \theta_H = 0 \end{cases} \tag{1}$$

逆运动学模型见公式（2）。

$$\begin{bmatrix} \theta_H \\ v_{bs} \end{bmatrix} = \begin{bmatrix} \arctan[2\tan\theta_{ct}] \\ v_{ct}\cos\theta_{ct} \end{bmatrix} \tag{2}$$

3）电机选型。选取带有霍尔编码器的电机，能使小车进行 PID 闭环控制，后轮双电机驱动，既可差速控制，又能为小车提供强劲的动力。电机参数见表 9.4。

表 9.4　电机参数

参数	值	实物图
工作电压	7 ～ 13V	
额定功率	7W	
电机类型	永磁有刷	
堵转电流	5.4A	
堵转扭矩	15kgf.cm	
额定电流	5400mA	
额定扭矩	1.5kgf.cm	
原始转速	15000rpm	
空转转速	5000rpm	
减速比	1:30	
输出轴	直径 6mm、D 型轴偏心轴	

选取 TBSN-K20 金属数字舵机，有 20kg 扭力，噪声小、速度快、扭矩大，基本参数见表 9.5。

表 9.5　舵机参数

参数	值	投影图
转动速度	0.16s/60°（6V）	
舵机精度	0.24°	
堵转扭矩	15kg.cm（6.6V）	
齿轮齿数	25T	
供电电压	4.8～6V	
转动角度	270°速度可调	
控制方式	PWM 脉冲信号	
脉冲范围	0.5～2.5ms	
控制周期	20ms	
空载电流	100A	
产品线长	30cm	

4）控制器选型。为了提高陆地巡航的整体性能，我们选用 STM32F103C8T6 控制器作为陆地巡航部分主控，STM32F103C8T6 控制器的算力已能够满足本次陆地循线需求。

5）循线模块选型。经过多次传感器选型，我们最终使用线性 CCD 寻迹模块，CCD 图像传感器可直接将光学信号转换为模拟电流信号，电流信号经过放大和模/数转换实现图像的获取、存储、传输、处理和重现，CCD 图像传感器具有以下特点：

- 体积小、重量轻。
- 功耗小、工作电压低。
- 抗冲击与震动、性能稳定、寿命长。
- 灵敏度高、噪声低、动态范围大。
- 响应速度快、有自扫描功能、图像畸变小、无残像。
- 应用超大规模集成电路工艺技术生产、像素集成度高、尺寸精确、商品化生产成本低。

线性 CCD 的时序图如图 9-26 所示。

（2）空中巡航硬件设计。

1）飞控选型。经过多次的飞控选型，我们最终选用 ACfly 飞控，ACfly 可以实现超快速安全的二次开发、多传感器异常检测的融合、重定义单参数的调节、传感器与飞控偏移补偿等。ACfly 飞控具有以下特点：

- 体积小、重量轻、抗干扰能力强。
- 直接 USB 读取即可。

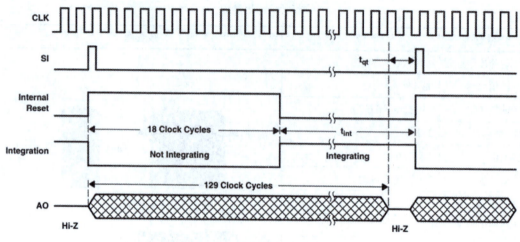

图 9-26　线性 CCD 的时序图

- 支持 GPS、光流等外部传感器偏移补偿。
- 支持多传感器异常检测智能的融合，避免了 GPS 气压不稳造成的位置波动。
- 支持罗盘不准、罗盘干扰和无罗盘状态下的稳定飞行，可以对磁场异常进行智能校准。

2）定位系统选型。我们使用 NoopLoop UWB 室内定位系统进行无人机定位。

UWB 实质上是以占空比很低的冲击脉冲作为信息载体的无载波扩谱技术，它是通过对具有很陡上升和下降时间的冲击脉冲进行直接调制。典型的 UWB 直接发射冲击脉冲串，不再具有传统的中频和射频的概念，此时发射的信号既可看成基带信号（依常规无线电而言），也可看成射频信号（从发射信号的频谱分量考虑）。

冲击脉冲通常采用单周期高斯脉冲，一个信息比特可映射为数百个这样的脉冲。单周期脉冲的宽度在纳秒级，具有很宽的频谱。UWB 开发了一个具有吉赫兹容量和最高空间容量的新无线信道。基于 CDMA 的 UWB 脉冲无线收发信机在发送端时钟发生器产生一定重复周期的脉冲序列，用户要传输的信息和表示该用户地址的伪随机码分别或合成后对上述周期脉冲序列进行一定方式的调制，调制后的脉冲序列驱动脉冲产生电路形成一定脉冲形状和规律的脉冲序列，然后放大到所需功率，再耦合到 UWB 天线发射出去。在接收端，UWB 天线接收的信号经低噪声放大器放大后送到相关器的一个输入端，相关器的另一个输入端加入一个本地产生的与发端同步的经用户伪随机码调制的脉冲序列，接收端信号与本地同步的伪随机码调制的脉冲序列一起经过相关器中的相乘、积分和取样保持运算产生一个对用户地址信息经过分离的信号，其中仅含用户传输信息和其他干扰，然后对该信号进行解调运算。

（3）使用说明。

1）陆地巡航系统使用说明。

①固件烧录。

- 打开 mcuisp.exe 软件（用于 STM32 串口下载程序），如图 9-27 所示。
- 选择需要烧录的固件。
- 选择 DTR 的高电平复位，RTS 高电平进 BootLoader。在 STM32 板上选择下载开关，单击复位按钮。
- 单击开始烧录。
- 烧录完成。

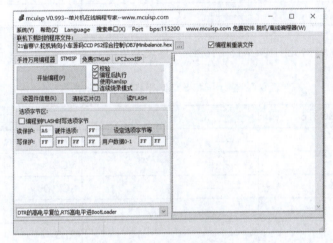

图 9-27 mcuisp 软件

②CCD 测试说明。"STM32F103C8T6 线性 CCD 测试代码"可用于对线性 CCD 进行简单测试，并集成了动态阈值算法和中线提取算法。STM32F103C8T6 控制器如图 9-28 所示。

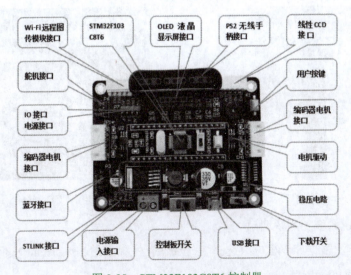

图 9-28 STM32F103C8T6 控制器

a．线性 CCD 和 STM32F103C8T6 的接线，见表 9.6。

表 9.6　线性 CCD 和 STM32F103C8T6 的接线

STM32F103C8T6		线性 CCD
GND	------------	GND
3.3V	------------	VDD
PBO	------------	AO
PA2	------------	CLK
PA3	------------	SI

b．显示屏和 STM32F103C8T6 的接线，见表 9.7。

表 9.7　显示屏和 STM32F103C8T6 的接线

STM32F103C8T6		OLED 显示屏
GND	------------	GND
3.3V	------------	VCC
PB5	------------	SCL(D0)
PB4	------------	SD(D1)
PB3	------------	RES
PA15	------------	DC

c．加载程序上电，让 CCD 镜头对准赛道，赛道样式如图 9-29 所示，CCD 屏幕显示如图 9-30 所示。

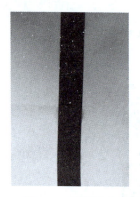

图 9-29　赛道样式

图 9-30　CCD 屏幕显示

2）空中巡逻系统使用说明。

①软件安装。根据计算机位数选择 32 位或 64 位版本的 NAssistant 软件安装，官网地址为 https://www.nooploop.com/download/。

②标签设置。一般采用 4 个基站、1 个天空端和 1 个控制台构成一架无人机的 UWB 定位系统，每增加一台无人机，相应增加一个天空端，所有标签都是一样的，区别在于设置。基站、天空端和控制台的设置区别在角色和对应协议两项，分别作如下设置：基站 -ANCHOR（协议为 Anchor_Frame0）、天空端 -TAG（协议为 Tag_Frame0）、控制台 -CONSOLE（协议为 Console_Frame0）。记住要执行"写入参数"成功步骤，标签设置如图 9-31 所示。

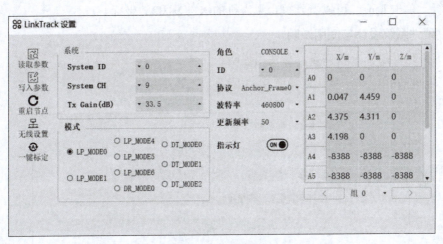

图 9-31　标签设置

③基站标定。基站标定一次后，只要位置不发生较大位移，就可以一直使用，不用二次标定。若无人机在使用过程中出现大幅度晃动，则进行基站再次标定。

a. 基站放置与飞行高度。将基站放置在大于无人机飞行高度且呈矩形的同一高度水平面上，4 个基站组成的形状尽可能接近矩形。建议无人机飞行高度在 1.8m 以下最佳。逆时针为 C0-C1-C2-C3，其中 C2-C3 基站作为正面（前面），为无人机的机头朝向（必须朝着 C2-C3 一面上电才有效），放置方式如图 9-32 所示。

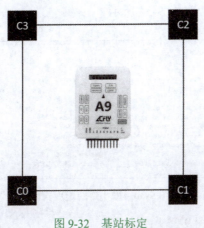

图 9-32　基站标定

b. 标定步骤。给 4 个基站上电，将控制台模块接入计算机（请保持控制台与基站之间无物体遮挡，尤其是金属块状物体），打开 NAssistant，此时软件会自动识别串口后连接上控制台。若软件一直空白显示，则表示没有连接到控制台。单击 LinkTrack 设置，弹出一键标定的窗口，单击一键标定，此时基站会在软件界面上移动，慢慢地接近实际位置坐标。然后查看一键标定窗口中的基站位置坐标。将无人机放置在场地内，上电（注意上电朝向），可以在 NAssistant 界面中看到无人机的位置和运行轨迹，则证明定位系统正常运行。单击 Line，可以看到每台无人机的 X 坐标和 Y 坐标。

5. 硬件系统设计与使用说明

（1）陆地巡航部分软件设计与使用说明。

1）电机的 PID 算法代码，如图 9-33 所示。

```
函数功能：增量PI控制器
入口参数：编码器测量值，目标速度
返回  值：电机PWM
根据增量式离散PID公式
pwm+=Kp[e(k)-e(k-1)]+Ki*e(k)+Kd[e(k)-2e(k-1)+e(k-2)]
e(k)代表本次偏差
e(k-1)代表上一次的偏差  以此类推
pwm代表增量输出
在我们的速度控制闭环系统里面，只使用PI控制
pwm+=Kp[e(k)-e(k-1)]+Ki*e(k)
**********************************************************
int Incremental_PI_A (int Encoder,int Target)
{
    static int Bias,Pwm,Last_bias;
    Bias=Target-Encoder;                      //计算偏差
    Pwm+=Velocity_KP*(Bias-Last_bias)+Velocity_KI*Bias;   //增量式PI控制器
    Last_bias=Bias;                           //保存上一次偏差
    return Pwm;                               //增量输出
}
int Incremental_PI_B (int Encoder,int Target)
{
    static int Bias,Pwm,Last_bias;
    Bias=Target-Encoder;                      //计算偏差
    Pwm+=Velocity_KP*(Bias-Last_bias)+Velocity_KI*Bias;   //增量式PI控制器
    Last_bias=Bias;                           //保存上一次偏差
    return Pwm;                               //增量输出
```

图 9-33　电机的 PID 算法

2）减小巡航速度代码，如图 9-34 所示。

```
94  /***********************************************************/
95  函数功能：限制PWM赋值
96  入口参数：无
97  返回  值：无
98  /***********************************************************/
99  void Xianfu_Pwm(void)
100 {
101     int Amplitude=4000;   //===PWM满幅是7200 限制在6900
102     if(Motor_A<-Amplitude) Motor_A=-Amplitude;
103     if(Motor_A>Amplitude)  Motor_A=Amplitude;
104     if(Motor_B<-Amplitude) Motor_B=-Amplitude;
105     if(Motor_B>Amplitude)  Motor_B=Amplitude;
106     if(Servo<(SERVO_INIT-500))  Servo=SERVO_INIT-500;   //舵机限幅
107     if(Servo>(SERVO_INIT+500))  Servo=SERVO_INIT+500;   //舵机限幅
108 }
```

图 9-34　减小巡航速度代码

3）巡航停止代码，如图 9-35 所示。

```
109  /*************************************************************
110  | 函数功能：按键修改小车运行状态
111  | 入口参数：无
112  | 返回  值：无
113  **************************************************************/
114  void Key(void)
115  {
116      u8 tmp,tmp2;
117      tmp=click();
118      if(tmp==1)Flag_Stop=!Flag_Stop;//单击控制小车的启停
119      if(CCD_Yuzhi>29)Flag_Stop=1;
120      //if(tmp==2)Flag_Show=!Flag_Show;//双击控制小车的显示状态
121      tmp2=Long_Press();
122      if(tmp2==1)Flag_Show=!Flag_Show;//控制小车的显示状态
123  }
124
```

图 9-35 巡航停止代码

（2）空中巡航部分软件设计与使用说明。

1）通过串口对信号回传值进行解算的代码，如图 9-36 所示。

```
//串口发送函数（将要发送的数据压入缓冲区）
   data:要发送的数据指针
   length:要发送的数据长度（字节）
   Sync_waitTime:线程同步最大等待时间（s）
   Send_waitTime:等待缓冲区有空间的最大等待时间（s）
   返回值：实际发送的字节数
   解释：如果在指定等待时间内接收不到足够数据（发送缓冲区位置不足）
        将只发送前半段数据（只将前半段数据压入缓冲区）
*/
uint16_t Write_Uart8( const uint8_t *data, uint16_t length, double Send_waitTime, double Sync_waitTime )
{
   uint32_t Sync_waitTicks;
   if( Sync_waitTime >= 0 )
      Sync_waitTicks = Sync_waitTime*configTICK_RATE_HZ;
   else
      Sync_waitTicks = portMAX_DELAY;
   uint32_t Send_waitTicks;
   if( Send_waitTime >= 0 )
      Send_waitTicks = Send_waitTime*configTICK_RATE_HZ;
   else
      Send_waitTicks = portMAX_DELAY;
   //获取信号量
   if( xSemaphoreTakeRecursive( TxSemphr , Sync_waitTicks ) == pdTRUE )
   {
      uint16_t data_sent = xStreamBufferSend( TxStreamBuffer, data, length, Send_waitTicks );
      if( TxCompleted )
      {
         //USB空闲可发送
         uint16_t sd_length;
         sd_length = xStreamBufferReceive( TxStreamBuffer, TxBuffer, TxBufferSize, 0 );
         if( sd_length > 0 )
            StartSend( TxBuffer, sd_length );
      }
      //释放信号量
      xSemaphoreGiveRecursive( TxSemphr );
      return data_sent;
   }
   else
      return 0;
}
```

```
static bool changeMode( uint16_t mode_index, void* param1, uint32_t param2, ModeResult* result,
                        bool* msg_available, bool* msg_handled, ModeMsg* msg )
{
   /*先返回消息处理结果*/
   if( *msg_available )
   {
      uint8_t port_index = msg->cmd_type & CMD_TYPE_PORT_MASK;
      const Port* port = get_CommaPort( port_index );
      if( (msg->cmd_type & CMD_TYPE_MASK) == CMD_TYPE_MAVLINK && port->write )
      {
         mavlink_message_t msg_sd;
         if( mavlink_lock_chan( port_index, 0.01 ) )
         {
            mavlink_msg_command_ack_pack_chan(
               get_CommulinkSysId() ,  //system id
               get_CommulinkCompId() , //component id
               port_index ,
               &msg_sd,
               msg->cmd, //command
               *msg_handled==1 ? MAV_RESULT_ACCEPTED : MAV_RESULT_DENIED , //result
               100 , //progress
               0 , //param2
               msg->sd_sysid , //target system
               msg->sd_compid //target component
            );
            mavlink_msg_to_send_buffer(port->write,
                                       port->lock,
                                       port->unlock,
                                       &msg_sd, 0, 0.01);
            mavlink_unlock_chan(port_index);
         }

         *msg_available = false;
      }
   /*先返回消息处理结果*/
```

图 9-36 通过串口对信号回传值进行解算的代码

2）通过陆地巡航控制板与空中巡航控制板通信，控制板执行自主起飞代码，添加头文件，如图 9-37 所示。

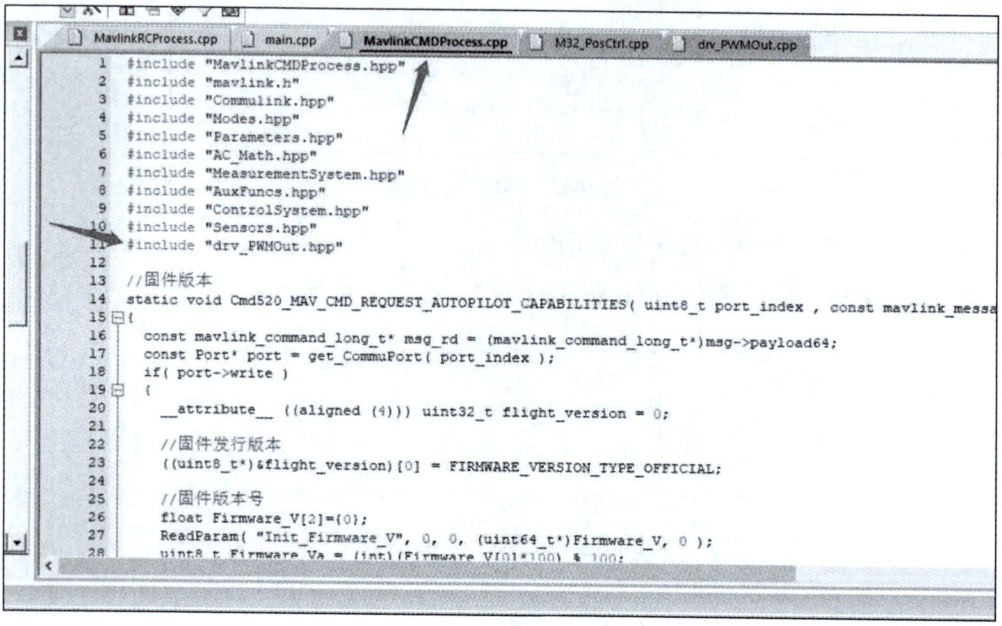

图 9-37　相关文件位置

添加相关函数如图 9-38 所示。

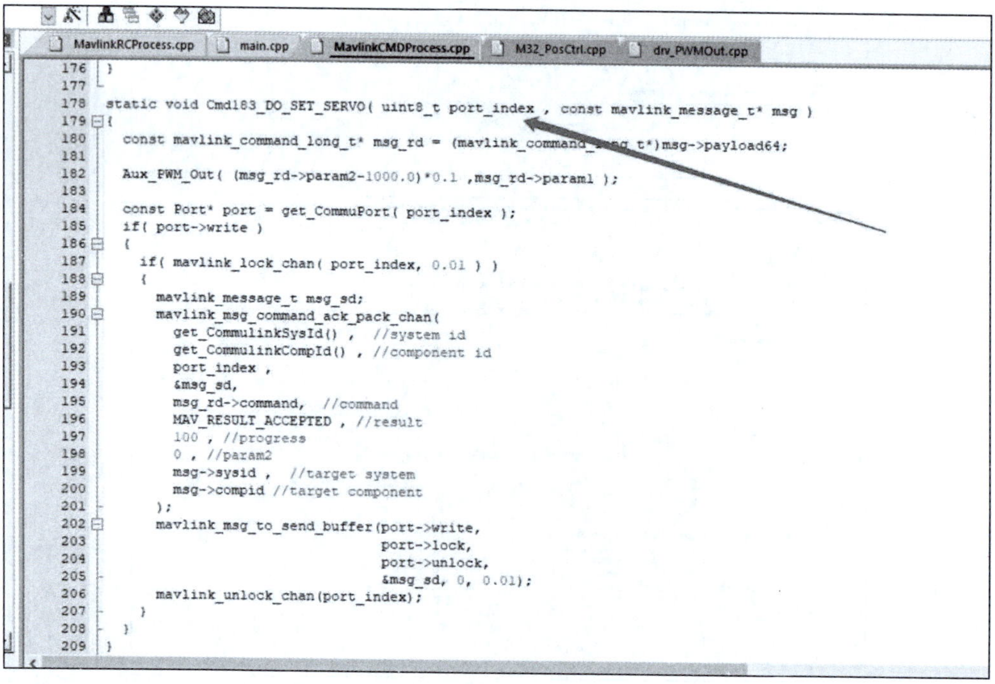

图 9-38　添加相关函数

添加相关串口号，如图 9-39 所示。

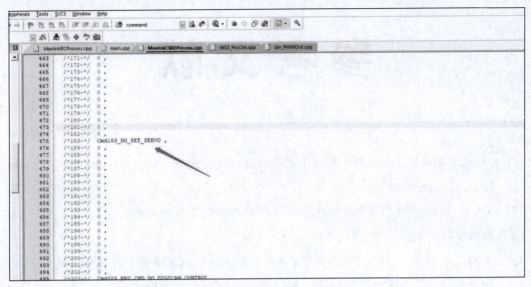

图 9-39　添加串口号

6. 总结

省赛的室内无人机项目与室外无人机项目相比，更考验代码编程能力和机械设计能力。本项目还存在很大的改进空间，如陆地巡航的主控芯片的选择、主控扩展板子的设计、陆空无人机整体机械结构的设计、室内定位方案的选取等，还可以搭载板载计算机和单目或双目摄像头进行定点定位自主飞行，优化陆空无人机系统并朝智能化、自动化方向发展。

参考文献

[1] "飞思卡尔杯"全国大学生智能车竞赛 [EB/OL]. http://www.eepw.com.cn/event/action/freescale_car2012/.

[2] 刘云. 浅析全国大学生智能汽车竞赛在培养学生工程实践能力中的作用 [J]. 甘肃高师学报，2021，26（5）：74-78.

[3] 殷帅，于春蕾，田婷，等. 学科竞赛在大学生科技创新培养中的应用初探——以全国大学生智能汽车竞赛为例 [J]. 科技视界，2020（20）：88-89.

[4] 杨树峰，付晓莉，王英杰. 以智能汽车竞赛为驱动的大学生工程能力培养研究 [J]. 轻工科技，2018，34（9）：186-187.

[5] 曾鹤琼，胡骏. 基于智能汽车竞赛的教学改革研究 [J]. 现代商贸工业，2018，39（15）：187-188.

[6] 胡春旭. ROS 机器人开发实践 [M]. 北京：机械工业出版社，2018.

[7] 拉姆库玛·甘地那坦. ROS 机器人项目开发 11 例（原书第 2 版）[M]. 北京：机械工业出版社，2021.

[8] 陶满礼. ROS 机器人编程与 SLAM 算法解析指南 [M]. 北京：人民邮电出版社，2020.

[9] 怀亚特·纽曼. ROS 机器人编程：原理与应用 [M]. 李笔锋，祝朝政，刘锦涛，译. 北京：机械工业出版社，2019.

[10] 刘伏志. ROS 机器人编程零基础入门与实践 [M]. 北京：机械工业出版社，2022.

[11] 摩根·奎格利，布莱恩·格克. ROS 机器人编程实践 [M]. 张天雷，等译. 北京：机械工业出版社，2018.

[12] 朗坦·约瑟夫. 机器人操作系统（ROS）入门必备：机器人编程一学就会 [M]. 曾庆喜，朱德龙，等译. 北京：机械工业出版社，2020.

[13] 伯纳多·朗奎洛·贾蓬. ROS 机器人编程实践 [M]. 张瑞雷，等译. 北京：机械工业出版社，2021.

[14] 张新钰，赵虚左. ROS 机器人理论与实践 [M]. 北京：清华大学出版社，2023.

[15] 周兴社. 机器人操作系统 ROS 原理与应用 [M]. 北京：机械工业出版社，2017.

[16] Lentin，Joseph. ROS 机器人项目（影印版）[M]. 南京：东南大学出版社，2018.

[17] 孙华东. 基于 MATLAB 的数字图像处理 [M]. 北京：电子工业出版社，2020.

[18] Rafael C.，Gonzalez. 数字图像处理 [M]. 4 版. 北京：电子工业出版社，2020.

[19] 胡学龙. 数字图像处理 [M]. 4 版. 北京：电子工业出版社，2020.

[20] 蔡体健，刘伟. 数字图像处理基于 Python[M]. 北京：机械工业出版社，2022.

[21] 李俊山. 数字图像处理：MATLAB 算法设计与解译 [M]. 北京：清华大学出版社，2023.

[22] 彭凌西，彭绍湖，唐春明，等. 从零开始:数字图像处理的编程基础与应用 [M]. 北京：人民邮电出版社，2022.

[23] 禹晶，肖创柏，廖庆敏. 数字图像处理 [M]. 北京：清华大学出版社，2022.

[24] 王利涛. 嵌入式 C 语言自我修养——从芯片、编译器到操作系统 [M]. 北京：电子工业出版社，2021.

[25] 塔米·诺尔加德. 嵌入式系统：硬件、软件及软硬件协同 [M]. 北京：机械工业出版社，2018.

[26] 弓雷. ARM 嵌入式 Linux 系统开发详解 [M]. 2 版. 北京：清华大学出版社，2014.

[27] 左忠凯. 原子嵌入式 Linux 驱动开发详解与实战（ARM Linux 驱动）[M]. 北京：清华大学出版社，2023.

[28] 黄克亚. ARM Cortex-M3 嵌入式原理及应用：基于 STM32F103 微控制器 [M]. 北京：清华大学出版社，2019.

[29] 王昆. "互联网+"大赛视角下高职院校创新创业教育改革与实践 [J]. 天津职业大学学报，2022，31（5）：22-26.

[30] 李宛瑜，朱小英. 基于指导高职院校大学生撰写创新创业项目计划书的思考——以四川护理职业学院为例 [J]. 产业与科技论坛，2022，21（4）：132-133.

[31] 林一乙，郑德杨. 自主，才能让创新走得更远 [J]. 发明与创新:高中生，2021（12）:3.

[32] 刘海新. "互联网+"创业大赛视角下的大学生创业主题邮局研究 [J]. 质量与市场，2021（20）：40-42.

[33] 苗立志，娄冲，吕国骏. 基于智能拐杖的移动健康实时监护原型系统 [J]. 计算机技术与发展，2020，30（7）：5.

[34] Junxi Li. Wearable and controllable protective system design for elderly falling[C]//.2020 6th International Conference on Mechanical Engineering and Automation Science (ICMEAS). IEEE, 2016.

[35] 王宜怀，蒋银珍，王加俊. 基于硬件构件的原理图绘制规则研究 [J]. 微计算机信息，2010，26（11）：15-16，12.

[36] 晏敏，彭楚武，颜永红，等. 红外测温原理及误差分析 [J]. 湖南大学学报（自然科学版），2004，31（5）：110-112.

[37] Narczyk P, Siwiec K, Pleskacz W A. Precision human body temperature measurement based on thermistor sensor[C].IEEE International Symposium on Design & Diagnostics of Electronic Circuits & Systems. IEEE, 2016.

[38] N. S. Midi, N. A. M. Idris, S. H. Yusoff，et al. Evaluation of Energy Harvesting for Smart Cane Application[C].2021 8th International Conference on Computer and Communication Engineering (ICCCE), 2021.

[39] 张海洲，卢旭，余奕. 新型智能手杖应用技术探索历程与市场分析 [J]. 中国高新科技，2021，5（18）：58-59.

[40] C. Shan, J. Hu, J. Zou, et al. Wearable Personal Core Body Temperature Measurement Considering Individual Differences and Dynamic Tissue Blood Perfusion[J]. IEEE, 2022, 26(5): 2158-2168.

[41] Tong Z, Wang J, Liang X, et al. Fall Detection by Wearable Sensor and One-Class SVM Algorithm[J]. lecture notes in control & information sciences, 2006.

[42] Tapia E M, Intille S S, Haskell W, et al. Real-Time Recognition of Physical Activities and Their Intensities Using Wireless Accelerometers and a Heart Rate Monitor[C]. IEEE International Symposium on Wearable Computers. IEEE, 2007.

[43] Shany, T, Redmond, et al. Sensors-Based Wearable Systems for Monitoring of Human Movement and Falls[J]. IEEE, 2012, 12(3): 658-670.

[44] Selvabala V, Ganesh A B . Implementation of wireless sensor network based human fall detection system[J]. Procedia Engineering, 2012, 30: 767-773.

[45] 苏晴，关宏志，从骁宇. 提高平行式停车效率的泊位施划方法研究 [J]. 道路交通与安全，2014（3）：21-25.

[46] 江苏省大学生机器人大赛 [EB/OL]. http://js.robot12360.com/.

[47] 张蕾，杨锋. 本科院校学科专业竞赛组织与管理的启迪——以南通理工学院举办第八届江苏省大学生机器人大赛为例 [J]. 当代教育实践与教学研究，2019（16）：72-73，79.

[48] 创新——MBA 智库. 百科 [EB/OL]. http://wiki.mbalib.com/wiki/%E5%88%9B%E6%96%B0.

[49] 张涛，熊晓云. 创业管理 [M]. 2 版. 北京：清华大学出版社，2011.

[50] 张秀娥. 创业管理 [M]. 厦门：厦门大学出版社，2012.

[51] 杨安，兰欣，刘玉. 创业管理——成功创建新企业 [M]. 北京：清华大学出版社，2009.

[52] 龚荒. 创业管理——过程·理论·实务 [M]. 北京：清华大学出版社，2011.

[53] 郎宏文，郝婷，高晶. 创业管理 [M]. 北京：科学出版社，2011.

[54] 吴计生，张学龙. 大学生创业基础 [M]. 北京：中国水利水电出版社，2018.

[55] 章东辉，曾祥云，邓佳，等. 创业企业注册登记和开业 [M]. 北京：中国劳动社会保障出版社，2011.

[56] 陈明，余来文. 商业模式：创业视角 [M]. 厦门：厦门大学出版社，2011.

[57] 张少平，牛玉清. 创业实施 [M]. 广州：华南理工大学出版社，2012.

[58] 李皖. 大学生自主创业实务 [M]. 北京：北京师范大学出版社，2011.

[59] 郑炳章，朱燕空，张红保. 创业研究——创业机会的发现、识别与评价 [M]. 北京：北京理工大学出版社，2009.

[60] 彭行荣. 创业教育 [M]. 北京：中国科学技术出版社，2003.

[61] 陈德智. 创业管理 [M]. 2版. 北京：清华大学出版社，2007.

[62] 万玺，李钦，黄建新. 大学生创业管理——基于企业家胜任特征的视角 [M]. 成都：西南交通大学出版社，2011.

[63] 刘仲康，郑明身. 企业管理概论 [M]. 武汉：武汉大学出版社，2005.

[64] 钟田丽，荆丽晶. 中小企业融资市场失灵的原因及对策 [J]. 财经问题研究，2003（2）：52-55.

[65] 吕宏程. 大学生创业的主要风险及对策分析 [J]. 中国市场，2011（14）：125，127.

[66] 黄海燕. 浅析创业团队的组建 [J]. 商场现代化，2008（9）：65-66.

[67] 彭莹莹，范京岩，段华. 创业团队构建风险分析与控制 [J]. 科技经济市场，2007（11）：217-218.